現代日本の学童保育

日本学童保育学会

編

石原剛志・奥野隆一・楠 凡之・住野好久・竹内常一
中山芳一・新妻二男・二宮厚美・二宮衆一
増山 均・丸山啓史・宮﨑隆志

著

旬報社

刊行によせて

自然科学であれ、社会科学であれ、いかなる学問（研究）にもまず問われることは、研究・分析の対象が明確であること、それと同時に、その対象に対する研究・分析の方法がある程度確立していることである。「対象」と「方法」が明確でないところに、およそ「学会」が成立する余地はない。自然科学は自然を対象に、社会科学は社会を対象にした学問であり、それぞれに独自な方法を持つ。これはおよそ自明のことであるが、私たちは、「学童保育」を研究対象にする一つの科学を目指して、二〇一〇年六月に日本学童保育学会を設立した。

とはいえ、学童保育学会は設立したばかりで、まだその歴史は浅く、これから学童保育研究がどのように発展するかは、よくいえば前途洋々、悪くいえば暗中模索、いまだ簡単には見定めがたいというのが現状である。学童保育が研究対象であることはハッキリしているが、学童保育の分析方法はそれほど明らかになっていない、というのが率直な実情である。

そのうえに、実は、研究対象である肝心の学童保育そのものも、さほど明確には確定しているとはいえない状況にある。世界各国の学童保育の形態は多様であり、日本のそれもまだ生成途上期にあるからである。本書はこの現実、すなわち学童保育研究の「対象」も「方法」もいまだ十分に確定しているわけではないという現実から出発した。その意味でいうと、本書は、学童保育研究のための「対象」と「方法」を明確にしようとした試論集、といってよいだろう。

まず学童保育研究の「対象」を問題にしていえば、本書所収の論稿はすべて、①学童期（特に小学校低学年期）の子ども全般、②放課後の子どもたち、③学童保育に通う子どもたち、③一人ひとりの個性を持った子どもという四面から、分析対象としての子どもたちを取り上げることになった。こういう四つの側面をもった子どもたちを特にとりあげて分析することは、たとえば教育論や子ども論のなかでも、一つの新鮮な試みであろう。小学校低年齢段階の子ども一般の発達、この時期の子ども一人ひとりの発達的特性、放課後児童の生活・文化を分析・検討した研究は、もちろん無いわけではなく、それ相当に研究の積み上げがある。本書はこれを継承する。

ただ、日々の放課後、学童保育で「遊びと生活」の時間を過ごす子どもたちは、歴史的にみて、現代社会に固有のまったく新しい子ども集団である。この子どもたちが、現代日本では近々、一〇〇万人に達しようとしている（二〇一二年段階の厚労省発表では八五万人強）。そのうえに重要なことは、歴史上類例をみないこの子ども集団を相手に、学童保育の指導員がその発達保障を主テーマとして、一つの専門的職務に従事していることである。学童保育の標準モデルとされる「三五名の児童に対する複数指導員の配置」を基準にして推定すると、現代日本の指導員数は、どう少なく見積もっても五万人以上、およそ八万人に達するとみられる（学童保育指導員の全国的規模・実態を調査したものは今のところ存在しない）。

つまり、「学童保育の子どもたち」と「学童保育の指導員たち」とは、近年に生まれた歴史画期的な新しい集団なのである。前者の「学童保育の子どもたち」が歴史的に類例をみない子ども集団であるとすれば、後者の「学童保育の指導員たち」も歴史上まったく新しい専門職集団である。この子どもたちと指導員の労働には、新たな分析・研究方法が求められることは、言うまでもないだろう。当面、その方法論は学際的にならざるをえない。

本書の執筆者は、学童保育学会の理事を中心にしたものであるが、各自の専門分野は、保育・教育・福祉・社会教育・経済学等にまたがる。各章のテーマも、「学童っ子」一人ひとりおよびその集団の発達過程を検討したもの、指導員の労働や専門性を問うたもの、子どもをめぐる社会・文化状況のなかから現代の子ども像を探求したもの、地域コミュニティにおける学童保育の役割や将来像を追求したもの、社会制度としての学童保育の現代的意義を明らかにしようとしたもの等、多岐にわたる。これらはすべて、学童保育を研究対象にした方法論上の試論であるといってよい。試論というのは、ただし、これからの学童保育の現実的発展のための礎石を築くという願いをこめた試みの意味である。

本書が、学童保育に対する社会的関心・認知を高め、学童保育関係者の輪を広げ、現実の学童保育の発展・充実に役立つことになれば幸いである。

執筆者を代表して

二宮厚美

現代日本の学童保育◉目次

第2章 現代日本社会と学童保育――増山 均 61

第4章 子どもの生存権保障としての学童保育――学童保育から排除される子どもの問題から考える――石原剛志 113

第Ⅱ部　学童保育のなかの子どもと指導員

第Ⅰ部　現代社会と学童保育

第1章　福祉国家における学童保育の発展

二宮厚美

はじめに——学童保育の現在

いま日本では、放課後、学童保育に通っている子どもたちは、一〇〇万人近くにのぼろうとしている。「学童っ子」と呼ばれる子どもたちは、毎日ランドセルを背負って、「ただいま」の声をあげガクドーに帰ってくる。ガクドーというのは、関係者のなかの学童保育の通称である。その昔、「ガクドー保育はゴクドー保育」と自嘲した親たちがいたが、それは自分たちの手で学童保育をつくりあげてきた父親たちの学童保育に対するシャイな表現であった。

学童保育には、学校にはない子どもたちの物語がある。けん玉、コマ、一輪車、ドッジ、雪遊び、縄跳び、飼育を楽しむ子ども集団は、かつてのガキ大将集団と同じように、みそっかすをかばう仁義をもちあわせているが、昔とはひと味違った剣呑なイジメやケンカを起こすこともある。現在では、大半の子どもたちをテレビはもとより、ケータイ、インターネット、ゲームのバーチャル世界が包む。放課後の地域に待つのは駄菓子屋ではなく、コンビニであり、原っぱではなく、せいぜい駐車場の空き地である。だが、学童保育の生活とは、そうした遊び文化とは違うものを展開している。

日本の学童保育は、制度的には、一九六〇年代後半、当時の文部省による留守家庭児童対策（カギっ子対策）を活用して始まるが、現在の学童保育の原形が各地域にできあがるのは、七〇年代に入ってからのことである。したがって、学童保育はほぼ四〇年の歴史を築いてきた、といってよい。この四〇年に及ぶ学童保育の経験は、世間で知られている以上に内容に豊富なものをもちあわせている。だが、いまだに世間ではこの学童保育の姿や役割がさほど知られていない。残念ながら保育所ほどにも注目されていない、といってよい。

本書は、すでに社会的認知は得ているものの、社会全体ではまだ十分に知られていない学童保育の経験と現状を総括し、これからの学童保育の多面的発展の礎石を築こうとするものである。多面的発展というのは、学童保育には、各地域における放課後の子どもたちの遊びと生活に新しい内容が含まれており、日々の学童保育を担う指導員の子どもたちに対する発達保障労働には保育士や教師とは違った試みが生まれており、各地域における学童保育の地域コミュニティにおける役割や家族支援の営みにコミュニティ再生への萌芽が芽生えているからである。

こうした学童保育に含まれる豊かな内容の詳細については、次章以降の検討に委ねて、本章では、まず学童保育が社会制度として、いかなる意義をもっているかを確かめておくことにしたい。というのは、学童保育は戦後の福祉国家には不可欠の社会制度として発展してきたし、将来についても、福祉国家の一翼を担って新たに展開されることが期待されるからである。

1　新自由主義の前の福祉国家と学童保育

福祉国家視点による学童保育の把握

現代日本において、学童保育を福祉国家視点から検討しておかなければならない理由は、どこにあるか。さしあたり、その理由は二点に求められる。

第一は、学童保育が福祉国家的制度の一つとして発展する歴史的必然性をもっていることである。これまで学童保育は保育所に先導されつつ、福祉国家の一翼を担うかたちで発展してきたが、おそらくは将来も福祉国家の発展水準・内容に規定されるに違いない。たとえば、福祉国家の国際比較で著名なG・エスピン-アンデルセンは、福祉レジームの型を決める指標の一つに「脱家族水準」をあげたが、各国の「脱家族化」の水準は、何よりも（学童保育を含む）保育の社会化がどの程度にまで進んでいるかを重要な目安とするものであった。[1] 保育所および学童保育の発展は、過去・現在・将来にわたって、福祉国家総体のそれと不可分の関係にあるのである。

第二は、福祉国家と学童保育の双方に、同時に新自由主義的再編の津波が押し寄せていることである。新自由主義は、もともと一九七〇年代後半以降、先進資本主義諸国における福祉国家の解体を歴史的使命として登場したものであったから[2]、現代日本ではやや荒っぽく、福祉国家と学童保育の両方に新自由主義が襲いかかっている、といってもよい。ここで重要な点は、新自由主義的攻勢が福祉国家と学童保育の結節点をターゲットにしていることである。この新自由主義に反撃していくためには、福祉国家と学童保育の結節点とは何かを、あらためて検討しておかなければならない、ということになる。

そこで、福祉国家視点から学童保育を検討する意義は、①福祉国家的制度の一環として発展する学童保育の内容・課題を確認すること、②新自由主義が攻撃する福祉国家と学童保育の結節点とは何かを確かめ、新自由主義との対抗線上で将来の学童保育制度のあり方を考えること、この二点にまとめられる。このことを、二〇一二年の日本の現状に照らして、確かめておくことにしよう。

現代日本の学童保育の趨勢と逆流

まず、現代日本では、学童保育の必要性はもとより、その量的拡大の趨勢を否定する者はほとんどいなくなった。大勢は、学童保育が保育所とともにきわめて重要な社会的役割を担っており、それを利用する子どもたちの数も将来増え続けることを積極的に見通し、これを承認する。たとえば、政権交代前の福田内閣期に（二〇〇八年二月）、政府は「新待機児童ゼロ作戦」を方針化し、一〇年後には、小学一年生から三年生までの学童保育を利用する子どもの割合を一九％から六〇％に引き上げ、児童数も一四五万人増やして約二二〇万人にする、という大胆な見通しを打ち出した。「学童保育多数派時代の到来」を予告したのである。[3]

政権交代後、民主党政権はややトーン・ダウンさせるが、それでも、二〇一二年夏に野田政権が強行した「子ども・子育て新システム案」（正確にはその民自公三党修正案）は、学童保育（ここでは放課後児童クラブ）の利用者割合を一一年の二二％（実数八三万人）から、五年後の一七年には四〇％（一二九万人）に増やすことを目標にしたものであった。つまり、一七年前後をメドに自民党福田政権は「学童保育多数派ビジョン」をうちだしたのに対し、民主党野田政権は「学童保育倍増プラン」を提示したのである。いまここで重要な点は、福田・野田両政権はともに、ということは自民・民主の二大政党のいずれもが、学童保育の量的拡大を不可避とみなしていたことである。その意味で、学童保育が将来の福祉国家発展に対する可燃材料になることは、まず疑いをいれないといってよい。

だが同時に、現代日本には、福祉国家におびえ、その発展に逆らう歴史反動的な潮流が存在する。新自由主義の立場から歴史の趨勢に逆らう反動の典型は、橋下・維新の会に見ることができる（もっとも橋下・維新の会といっても、実質的には橋下徹個人の独裁的主導によるから、ここでは簡潔に「橋下主義」と呼んでおく）。[4] 橋下主義は歴史に反動的な新自由主義を露骨に代表する路線であるが、保育・教育・学童保育分野でも、その本性がむきだしのかたちとなって現われる。ここでは学童保育にかかわる点に焦点を絞って、橋下主義の正体を確かめておくことにしよう。

彼は、大阪市長就任後の第一年度予算編成作業において、保育料や給食費の値上げとともに、学童保育に対する補助金の打ち切りを打ち出した。これは、事実上、大阪市内の学童保育廃止宣言の意味をもつものであった。というのは、市内一〇〇か所以上の学童保育、またそれと同様の機能を持つ（貧困家庭層等への）子どもの家事業に対する補助金をすべて廃止し、放課後児童すべてを相手にした「児童いきいき放課後事業」に一本化する、というのが橋下市政の要点だったからである。「児童いきいき放課後事業」とは、学童保育関係者に馴染みの言葉でいえば、「全児童対策一元化論」にたった放課後対策事業である。全児童に開放的な放課後対策それ自体は、現代日本の特に都市部にあって、必要な事業である。だが、大阪市の「児童いきいき放課後事業」は、その出発点から、全児童対策の看板を使って、学童保育をそのもとに吸収し、事実上、学童保育を廃止するために始められたものであった。率直にいって、学童保育をつぶす目的をもって登場したものだったのである。

私自身、大阪学童保育連絡協議会会長の役に就いていた一九九〇年代後半に、この問題に直接かかわった経験がある。学童保育関係者は、「全児童向けのいきいき放課後事業を進めるのはよいが、それと同時に学童保育を併設し、その両方を発展させるべきだ」と主張し、同時に「いきいき放課後事業を各小学校内に設けるのであれば、そこに学童保育コーナーを設けるか、または並置するかして、双方の共存をはかるべきだ」と要求した。というのは、大阪市は市内小学校の多くに空き教室があるにもかかわらず、それまで（そして現在も）、学童保育には学校を一切使用させない態度をとり続けていたからである。

要するに、大阪市は学童保育を学校から排除し、就学児童の放課後対策事業は全児童向けのものに一本化して、事実上、学童保育不要論にたった市政を進めてきた、といってよい。ただ、このような「全児童対策一元化論」は大阪市に限らず、全児童向け放課後事業を進めた地域（たとえば神奈川県の横浜、東京都の世田谷等）には、多かれ少なかれ共通に見られる傾向であった（二〇〇七年度の「放課後子どもプラン」以降はこれが全国化する）。橋下大阪市政はいま、その延長線上で、学童保育補助金廃止、全児童対策一元化を打ち出したのである。幸い、大阪の学童保育運動は署名運動その他で、当面の補助金廃止は食い止めたが、橋下主義による学童保育つぶしの動きは、これで終止符を打ったわけではない。

現物給付原則の現金給付化の動き

いま一つ、橋下主義で見逃せない動きは、保育・教育等の社会サービスの現物給付方式を廃止し、現金給付に置き換えようとしていることである。現物給付と現金給付の違いについては本論でふれるとして、いまここで重要な点は、保育・福祉制度等における新自由主義的改革のポイントは現物給付の現金給付化にある、ということである。現金給付方式の代表はバウチャー制度（使途特定型の補助金＝利用券支給制度）である。橋下主義は、このバウチャー制度の導入を教育と福祉の両分野で公然と掲げた。橋下・維新の会の国政進出に向けた「維新八策」（一二年九月改訂版）では、次のような項目が並べられている。

まず教育では、「大学も含めた教育バウチャー（クーポン）制度の導入＝教育機関の切磋琢磨を促す」、福祉では、「供給サイドへの税投入よりも受益サイドへの直接の税投入を重視（社会保障のバウチャー化）」と記されている。

「維新八策」は、橋下自身が述べているように、「レジュメ風のもの」にすぎず、普通であれば、およそ検討するに値しない代物であるといってよいが、彼は持ち前の強権的・独裁的手法で、異常なことを当然のごとくやってのける人物である。したがって、いま紹介した「教育バウチャー制度の導入」、「社会保障のバウチャー化」の主張も、あまりの馬鹿馬鹿しさを根拠に無視してすませるというわけにはいかない。実際、彼はすでに西成区をモデル地域として、バウチャー＝クーポン券構想に着手している。

大阪市西成区で二〇一二年九月から実施される予定の「学校外教育バウチャー制度」とは、区内の就学援助家庭の中学生約一〇〇〇人を対象にして、塾や習い事に利用できる月一万円のクーポン券を支給する、というものである。このクーポン券は、市側が認定すれば、学習塾以外に、美術、書道、スポーツ教室等でも使用できる。橋下市政は、一三年度以降には、これを全市で実施する予定という。もっとも、一二年八月下旬段階で、西成区のバウチャー利用申請は対象者の約三分の一のおよそ三二〇人にとどまっているというから（日本経済新聞一二年八月三一日夕刊）、将来の見通しは不確かである。

いまここで重要なことは、橋下主義が公教育（および公的福祉）の充実で対応しなければならない課題を、現金給付型のバウチャー方式の導入で代替し、学校内外の教育競争をむしろ煽りたてようとしていることである。国民の発達や生存権保障のための制度を、逆に生存競争や教育競争の手段に転化してしまおうとするのは、新自由主義に固有な特徴である。橋下にとって、そもそも教育バウチャー制度とは学校・生徒間の教育競争（＝受験学力競争）を促進する仕組みを意味するものであった。というのは、彼がバウチャー制度に思い入れを持ち始めたのは、私立高校の授業料無償化が迫られた時点だったからである。

教育・福祉のバウチャー制度化に向けた流れ

橋下は、大阪府知事であった二〇一〇年、民主党政権が公立高校の授業料無償化に踏み切ったのにあわせて、私学に対しても、年収約六〇〇万円未満の家庭向けという所得制限つきではあるが、実質上、授業料無償化の意味を持つ授業料支援補助金制度を設けた。なぜ、彼は公私双方の高校の授業料無償化に向かったのか。高校授業料の無償化が教育の機会均等を保障する積極的意味を持つことはいうまでもないが、橋下のねらいは、それとは別の所にあった。そのねらいとは、公私双方の全高校間の競争を組織することである。どの高校を選んでも生徒にとって授業料はタダということになれば、まず、生徒側に高校選択の自由が広がる。ここでは、私学のみならず、公立の側でも必ず定員割れを起こす高校が現われる。そういう高校はつぶしていけばよい。これが橋下主義の授業料無償化にかけるねらいだったのである。実際、大阪ではいま、学区制度の全廃構想も手伝って、少なからぬ府立高校に統廃合の危機が訪れている。

この場合、授業料に対する補助金が一種のバウチャー的意味を持つことは、指摘するまでもないだろう。授業料を無償にするためにバウチャーが公教育で採用され始めると、これまでの現物給付型公教育が空洞化していくのである。行政サイドにとっては、授業料代わりのバウチャーを生徒に支給し、彼らに好きな学校を選ばせ、その選択競争を強めていきさえすればよいとなれば、特に公立学校を設置・運営していく必要はなくなる。したがって公立公営型の学校運営、すなわち現物給付型の教育保障は徐々に空洞化せざるをえない。現物給付型教育保障は、現金給付型のバウチャー方式にとってかわられる。これが新自由主義のねらいである。

いまここで確かめておかなければならない点は、橋下主義による「全児童対策一元化論」や「教育バウチャー制の導入」が、学童保育に対する需要の増大、全児童向け放課後事業のニーズの高まり、また高校全入化要求の高まりといった積極的・進歩的流れを背景にして起こっていることである。これらは、すべて福祉国家発展の可燃材料としての意味をもつ。だが、この福祉国家の前途には、必ず新自由主義による妨害が立ちふさがる。現代日本の保育・学童保育をめぐる問題状況は、まさにこの「福祉国家vs.新自由主義」の対抗関係から生まれているのである。だからこそ、福祉国家視点から保育・教育、そして学童保育を検討しておかなければならない。前置きが長くなったが、これが本章の趣旨である。

2　福祉国家における学童保育サービスの現物給付原則

現代日本の学童保育の原形

福祉国家における学童保育とは、いったい何をさすのか、まずこの点を確かめておかなければならない。現代日本にそくしていうと、さしあたり、学童保育の公式的制度は、一九九七年の児童福祉法改正後、翌九八年度から法制化された「放課後児童健全育成事業」に求められる。この事業は改正児童福祉法六条二項（現六条の三第二項）にもとづき、第二種社会福祉事業として法認化されたものであった。同条は、放課後児童健全育成事業を定めて、「小学校に就学しているおおむね十歳未満の児童であって、その保護者が労働等により昼間家庭にいないものに、政令で定める基準に従い、授業の終了後に児童厚生施設等の施設を利用して適切な遊び及び生活の場を与えて、その健全な育成を図る事業」と規定している。

念のため若干の注釈を施しておくと、もっとも重要な点は、学童保育が「適切な遊び及び生活の場」とされたことである。これは、学童保育が「遊びと生活」を通じた子ども発達の場だということを意味する。私は、この児童福祉法改正時に、参考人として国会で意見を述べる機会があったのでよく記憶しているが、学童保育が「遊び」ばかりではなく「生活」の場だと明記されたのは、当時の学童保育関係者の主張・要求を取り入れた結果であった。後にみるように、放課後児童にとって、そこが「遊びの場」なのか、それとも「遊び及び生活の場」なのかの違いは、きわめて重要な意味をもつ。

第二は、学童保育の対象児童を「おおむね十歳未満」の小学生とした点である。「おおむね」ということは、一〇歳未満の小学校三年生までに限るということではなく、上級学年も含んでかまわないということを意味する。

第三は、対象児童を「その保護者が労働等により昼間家庭にいないもの」としたことである。これは、学童保育が共働き等によって事実上放課後の「保育に欠ける」子どもを対象にしたことを示しており、地域の子育て支援一般の事業に解消されてはならないことを意味するものであった。この点からみれば、先に紹介した「全児童対策一元化論」は児童福祉法の趣旨に反するものだといわなければならない。

第四は、学童保育の場所・施設を「児童厚生施設等の施設」としていることである。ここで「等」という言葉が入っているのは、当時の厚生省が説明したように、学校の教室等を利用してもかまわないという意味を込めたものであった。学童保育に空き教室を使わせない大阪市等の措置は、この点でも、法に背くものだったのである。

第五は、上記の条文にはないが、児童福祉法が市町村に対して学童保育の「利用促進の努力義務」を課したことである。これは、就学前児童に対する市町村の「保育実施義務」よりは見劣りするものの、学童保育に対する市町村の役割が空白であった従来の状態に比べると、大きな前進であった。これに付けくわえておくと、同法三四条の七（現三四条の八）は、「市町村、社会福祉法人その他の者は、社会福祉事業法の定めるところにより、放課後児童健全育成事業を行うことができる」とし、学童保育が社会福祉事業法（現社会福祉法）の制約のもとにあり、主として自治体および社会福祉法人によって担われるべきものと規定した。つまり当時は、学童保育に対する営利企業の参入は想定外のことだったのである。

人間の生活に不可欠な社会サービス給付方式の二形態

児童福祉法上の学童保育は、学校教育の中心的課題である教科教育の場ではなく、制度的にいうと、「遊びと生活の場」である。「遊びと生活の場」とは、言いかえると、学校が存在しなかった時代の子どもたちの成長・発達の場のことにほかならない。もちろん、学校制度が確立した社会での放課後の子どもと、学校が存在しなかった時代の子どもとでは、同じ「遊びと生活の場」といっても、共通性はあるものの、「遊びと生活」の意味内容に大きな違いがある。現代の学童保育では、学校での生活を前提にしつつ、それとは時間・空間の両面で区別された子どもの生活・発達を問題にしなければならないわけである。

この違いを踏まえて、ここではまず、子どもの生活一般に問われてきた課題を考えておくことにしよう。近現代の子どもに固有な「放課後の生活」の意味については、その後で検討することにする。

子どもに限らず人間一般の生活には、通常、①衣食住に代表されるモノと、②保育・教育・医療・介護等のケア（お世話）の二つが必要である。たとえば、生まれたばかりの赤ちゃんを例にとると、まず母乳というモノが不可欠であるが、同時に、授乳等のケアが必要になる。小中学生の生活には、毎日消費する食料や衣服品、文具品等にあわせて、教育サービスや家庭内の世話が必要になる。

したがって、人間の生活を一生涯の視点からみると、保育・教育・医療・福祉・介護・保健等のサービスが誰にとっても不可欠なものとなる。こうしたサービスは、たとえば保育士が乳幼児に働きかける保育、医師が患者に働きかける医療、ヘルパーが要介護老人に働きかける介護といった具合に、すべて人間が他の人を相手にして働きかける労働を意味するから、モノを対象にした労働とは区別される(5)。

人が人に働きかけるサービス労働には、そのほかに床屋やマッサージ、報道、歌手、役者、セールス等の仕事があるが、これらのサービスとは異なり、万人の生命・健康・発達を保障するために不可欠なサービスをここでは基礎的社会サービスと呼ぶ。その代表は、保育・教育・福祉・医療・看護・公衆衛生である。これらの基礎的社会サービスが人間の生涯に不可欠であることは、たとえば、3・11後の被災地域がまざまざと示したところである。

問題なのは、人々の暮らしを担う基礎的社会サービスはどのような方式、やり方で保障されなければならないかにある。というのは、社会サービスの給付方式には、大別すると、現金給付方式と現物給付方式との二つのやり方があるからである。

現金給付方式による生活保障

現金給付方式とは、文字どおり、生活に必要なものを手に入れるための現金を支給することである。たとえば、生活保護制度による生活扶助は、貧困層に対して現金を支給して、生活に必要な所得を保障する仕組みである。現代は市場社会だから、生活に必要なものを購入するための最低限の所得があれば、人は、その現金（所得）を使ってなんとか生活することができる。毎日の暮らしに欠かせない食料、衣服品、日用品を買い取って生活すればよいわけである。

社会保障や福祉制度がない時代には、保育・教育・医療・介護等のサービスも理髪・美容・芸能等のサービスと同じように市場で売買されていた。現代でも、社会保障制度から外された漢方治療、託児や塾の教育、家事代行等のサービスは市場で売買されている。したがって、基礎的社会サービスといえども、仮にそれらをすべて市場で売買されるサービスにしてしまえば、各自に現金を支給して、それらの社会サービスを市場から買い取って利用させる方式が可能になる。

現在の介護保険は、このような、現金を支給して介護サービスを市場から買い取らせる方式、すなわち現金給付方式である。要介護老人は、介護サービス費用の九割を介護保険から支給され、残りの一割は自分で負担して、たとえばホーム・ヘルパーの介護サービスを買い取る仕組みとなっている。現在の障害者福祉も、基本的に介護保険と同じく、福祉サービスを買い取るために必要な現金の九割を自治体から支給され、残り一割を自分負担する方式を原則とする。

保育・教育・医療・福祉等の社会サービスに現金給付方式を適用すると、それらの社会サービスは市場で取引されるサービスになる。ここで社会保険や自治体等の公共機関は、国民に対して一定額の現金を支給するだけで、保育・教育・医療等の社会サービスの供給・提供はすべて市場に委ねられる。現金給付方式に立つ介護保険のもとで、介護ビジネスが広がったのはこのためである。現金による補助金支給に代えて、クーポン券（バウチャー）を配給する方法もある。先に紹介した橋下主義による教育クーポン券（教育バウチャー制）構想が、その例である。

教育バウチャー制とは、学校に授業料を支払うときに使うことのできるクーポン券を子どもたちに配給する、というものである。子どもたちは、このバウチャーを使って、どこの学校に通ってもかまわないから、塾を選ぶときのように、学校選択の自由が広がる。ただし、この場合、公立の学校はまったく不要になる。なぜなら、バウチャー制度のもとでは、学校教育のサービスは市場で供給されるものになるからである。新自由主義がバウチャー制の導入に走るのは、このためである。

このような現金給付方式とはまったく違ったやり方が、現物給付方式と呼ばれるものである。

社会サービスの現物給付方式

現物給付とは、保育・教育・医療・福祉等の社会サービスを現物のかたちで利用者に支給する方式を意味する。その一番わかりやすい例は、小中学校の教育にみることができる。義務教育では、各市町村が教育委員会を通じて、子どもたちに対して学校教育そのものを提供している。保育所も同じである。現行の保育制度のもとでは、たとえ民間保育所といえども、すべて国・自治体の折半にもとづく税金の投入によって保育所が運営されているから、保育サービスはすべて自治体の責任において地域に提供・保障されているのである。だから、保育料は保育園から保育サービスを買い取るときの代金ではなく、保育所にじかに払われることはない。保育料は税金と同じように、すべて自治体に納められる。

現代日本では、義務教育や認可保育所とおなじように、医療保険がこの現物給付方式をとっている。これが介護保険とは異なる医療保険の決定的な特質である。医療の現物給付というのは、患者が病院等で受ける医療はすべて医療保険が給付している、ということを意味する。人々が医師から受ける診察や治療は、制度的にいうと、すべて医療保険から給付されているのである。医師による治療等のサービスは国民健康保険(国保)や健康保険組合等の医療保険が一括して買い取り、これを保険加入者の患者に渡している、というかたちになっているわけである。

したがって、患者が病院の窓口負担する三割の医療費用は、医師の医療サービスに対する代金ではなく、本来は、窓口で支払うべき筋合いのものではない。患者負担分は、病院にではなく、患者の属する医療保険に支払うべきものなのである。患者負担の三割部分を病院が受けとるのは、制度的には「代理受領」と呼ばれる。本来であれば、医療保険から受けとるべき診療報酬の三割部分を、保険に代わって(代理して)、患者から病院窓口で受けとる(受領する)、という意味である。

現物給付方式でもっとも重要な点は、学校では教師、保育所では保育士、病院では医師たちが、それぞれの教育・保育・医療サービスを売るわけではないから、生徒や子ども、患者に必要なサービスをそのままのかたちで提供できる、という点にある。

必要充足原則にもとづく現物給付の徹底

福祉国家のもとでは、この現物給付方式の特質を基礎的社会サービスの全分野において生かすことが決定的に重要である。なぜなら、保育・教育・医療・福祉・介護等の基礎的社会サービスは、それを不可欠とする人々のニーズ（必要性）に応じて提供されなければならないからである。医療でいうと、必要とされる医療サービスは患者によってさまざまである。介護でも、援助を必要とする要介護老人のケアの質・量はさまざまに異なる。基礎的社会サービスは、すべて専門的労働者（保育士・教師・医師・介護士）がその相手とする人の必要性に応じて判断し、提供するサービスである。したがって、基礎的社会サービスは「必要充足の原則」にもとづいて給付されなければならない。(6)

学童保育が、保育所や学校の保育・教育と同様に、この必要充足原則のもとにおかれなければならないことは、指摘するまでもない。というのは、必要充足の原則を充たす保育・教育では、教育的働きかけをする側（保育・教育労働者）とそれを享受する側（子ども）との間にコミュニケーションが介在するからである。この場合のコミュニケーションとは、「言葉による相互了解・合意の獲得」を意味する。人間のコミュニケーションは言語的コミュニケーションと非言語的なそれとの二つにわかれるが、基本は言語的コミュニケーションにある。医師が患者に必要な治療を施すことができるのは、医師・患者間にこの「言葉による相互了解・合意」が成立している場合である。人が人に働きかける社会サービスでは、働きかける側と働きかけられる側とが、ともに主体性を発揮するコミュニケーション関係が不可欠の前提なのである。(7)

保育所や学童保育では、保育士・指導員と子ども間のコニュケーションがいわば「保育の真髄」を形成する。指導員を例にとれば、子どもたちの「遊びと生活」に根ざす発達ニーズをまず指導員のほうが「了解・合意」しなければならない。これが、指導員と子ども間のコミュニケーションの出発点になる。指導員は言葉によって子どもの発達ニーズを理解・了解する。このときの言葉の力とは、一つの理性に他ならない。(8) 念のためにいうが、言葉による力はすべて理性である。したがって、ここに指導員に固有な専門性が要求される。

それと同時に指導員は、子どもの発達ニーズを充足する指導労働、つまり遊びの設定や生活指導、集団づくり、くつろぎ、会話等に向かい、子どもはこれに「了解・合意」して、指導労働を享受する。子どもの遊びの輪や工作その他生活の所作の一つひとつから、指導員は子どもたちの潜在能力の発揮を理解・了解し、またその姿を享受する。これが指導員と子どものコミュニケーション関係にもとづく学童保育の日常事である、といってよい。(9)

いま重要な点は、こうした子どもとのコミュニケーション関係にもとづく指導員の仕事、学童保育の現場は、あらかじめ定型化されたサービスとして商品化することが、(不可能とまではいわないにしても）極度に困難であり、一般の商品のように市場の取引に委ねると、子ども一人ひとりに必要な保育サービスが提供されることにはならない、ということである。端的にいって、保育士や教師の保育・教育労働と同様に、学童保育とその指導労働は自動販売機から購入するというわけにはいかないのである。ここに学童保育が現物給付原則に立たなければならない基本的理由がある、といってよい。

こうして、福祉国家と学童保育の結節点とは、現物給付の原則を意味することになる。

先に紹介した児童福祉法の規定にそくしていえば、学童保育は「遊びと生活の場」それ自体を子どもたちに保障するものだ、ということになるだろう。では、「遊びと生活の場」を直接に保障する者はだれか。いわずとしれた学童保育指導員である。学童保育のための部屋や遊び場があるだけでは、それが子どもにとって「遊びと生活の場」になるとはかぎらない。もちろん、遊びと生活の場所さえあれば、子どもたちが自ら集団を形成して遊び、生活をともにする、という場合がないではない。昔のガキ大将集団は、地域のあらゆるところを放課後の「遊びと生活の場」にした子ども集団であった。だが、現代社会では、それを懐かしむことはできるにしても、実際に再現することは不可能であり、放課後の「遊びと生活の場」には指導員の配置と彼・彼女らの労働が不可欠である。したがって、学童保育の現物給付原則とは、何よりも指導労働それ自体を公的に保障すること、より具体的にいえば、指導員を公的に雇用し、その労働を子どもたちに公的に給付することである。

だが、「福祉国家 vs.新自由主義」の対抗関係が社会を貫く現代では、学童保育でも、新自由主義がこの現物給付の世界に襲いかかる。先に、その先端的事例を、橋下主義による現物給付の現金給付化の動きにみたが、実は、これと同じ構図が、保育・学童保育の分野でも起こっている。それが民主党政権下での「子ども・子育て新システム」と呼ばれるものである。この「新システム」は、橋下主義と同様に、一種の新自由主義的反動と呼ぶべき動きであるが、なぜそれが歴史的な反動なのかについては、本章の最後で立ちかえることにして、いまここでは、現物給付原則にそった学童保育こそが世界史的にみても理にかなったことだという点をみておくことにしよう。

3 国際比較からみた日本の学童保育

子どもたちにとっての放課後時間の意味

現代社会で、なぜ学童保育が福祉国家的制度の一つとして発展することになるのか、その一般的理由は、それほど難しいことではない。学童保育が発展する理由は、基本的に保育所と同じである。要点は、資本主義の発展に伴う共同体の解体にある。

保育・教育・福祉等の社会サービスは、近代社会以前には、どこでも共同体によって担われてきた。資本主義の発展とともに、かつてテンニエースが指摘したゲマインシャフト（Gemeinschaft）は崩れ、かわってゲゼルシャフト（Gesellschaft）で全社会が覆われるようになると[10]、保育・教育・福祉等は個々の家族の私事に属するようになるが、家族という血縁共同体が崩れていくと、私事としての子育ても家族単位では不可能になり、社会化せざるをえなくなる。保育所や学童保育は、この社会化の一形態として、世界各国のどこでも、発展することになるのである。近代家族を単位にした子育てが不可能になるのは、資本主義の発展のもとで、賃労働者家族が全般的に片働きから共働き家族に変化することによる。現代日本の男女共働き家族が示すとおり、ここでは、乳幼児の場合には全日にわたって、就学児童の場合には放課後の時間、「保育に欠ける」状態になる。

学童保育は、放課後児童健全育成事業が「授業の終了後」とされていることにみるとおり、放課後の就学児童を対象にした保育事業である。これはおよそ自明のことであるが、いまここであらためて考えてみなければならないことは、子どもにとっての放課後時間とはいったい何を意味するか、という点にある。放課後の子どもたちの生活時間は、とらえようによって、その意味にさまざまな違いがでてくる。放課後対策とは、子どもにとって多様な意味合いを持つ放課後時間に対応する施策を、一括りにして呼んだものにほかならない。そこでここでは、就学児童の放課後時間とは、いったいいかなる意味をもった時間なのかを確かめておくことにしよう。

まず第一に、学校から帰宅して家族とともに過ごす子どもにとっての放課後は、「家族のなかの生活時間」となる。子どもは家族の一員だから、伝統的に、放課後は家族とともに生活する時間と考えられてきた。これは、あらためて指摘するまでもないことだが、各家族は同時に地域社会のメンバーでもある。

したがって第二に、子どもにとっての放課後の時間は、地域コミュニティの生活時間だということとになる。公教育制度が確立する以前の社会では、子どもの生活は共同体を単位にして営まれていたから、彼らの生活時間は二四時間まるごと地域コミュニティでの生活時間であったといってよい。義務教育制度が確立した後でも、血縁・地縁にもとづく共同体的諸関係が地域に存続したところでは、放課後児童の生活時間はコミュニティの生活時間と同義であった。端的にいって、これは「地域のなかで子どもが育つ時代」の放課後時間である。

第三は、自由時間としての放課後時間である。義務教育が定着すると、放課後とは、子どもにとって、よかれあしかれ「義務」から解放された自由時間になる。これは、資本主義社会における賃労働者が、終業ベルとともに、自由時間を手にいれるのにあたかも同じである。厳密にいえば、子どもの放課後と労働者の終業後の「自由時間」には大きな意味の違いがあるのであるが、学校も工場も同じようなミクロ権力単位ととらえるミシェル・フーコー流の見方にたてば[11]、放課後も終業ベル後の時間も当事者にとっては何より「自由時間」となって現われる。ここで自由時間とは、各自が「時間の主人公」としての主体性を取り戻す時間のことである。その意味でいえば、放課後とは、子ども自身が主人公になる自由時間である、といってよい。

第四は、放課後は子どもにとって「保育に欠ける時間」にもなる、ということである。先述のとおり、夫婦共働き家族の子どもにとっての放課後は、それを放置しておけば「保育に欠ける時間」である。資本主義の発展過程では、この「保育に欠ける時間」は自然成長的に増大し、広がる。なぜなら、資本主義は、現代日本の様相が示すとおり、老若男女を問わず、多数の賃労働者化（多就業世帯化）を推し進め、その結果、昼間に「保育に欠ける子ども」を増やしていくからである。このケースでは、放課後対策とは、「保育に欠ける時間」の保育ニーズを充足する施策となる。学童保育に固有なルーツがここにあることは先に指摘したとおりである。

第五は、放課後が「市場社会の生活時間」になる、ということである。放課後の子どもを待ち構えるのはおやつからオモチャ、ピアノ教室やスイミング・スクール、ゲームセンターやコンビニ、塾や習い事等、あふれんばかりの消費財・サービスの市場である。市場は、上記の地域コミュニティの生活時間を代替し、自由時間をコマーシャリズムで色づけし、「保育に欠ける時間」を保育・教育の市場サービスで穴埋めする。ここで放課後は、市場財・サービスを利用・消費する時間になる。つまり、放課後時間とは、子どもにとって、まったくの空白時間ではなく、「市場社会の生活時間」になる、ということである。

以上のように、一口に放課後といっても、その時間は①家族生活時間、②地域コミュニティの生活時間、③自由時間、④保育に欠ける時間、⑤市場社会の生活時間、という五つばかりの意味が付与される。いま重要なことは、この五つの時間のうち、どの時間的意味合いが強くなるかは、当該地域の歴史的・社会的条件に左右される、ということである。放課後の子どもたちの生活の送り方、放課後に対する施策、学童保育のあり方において、世界各国において大きな違いが現われるのは、このためである。

ヨーロッパの放課後事業と学童保育の類型

放課後の子どもに対する各国の施策の違いを、ここでは池本美香編著『子どもの放課後を考える』（勁草書房、二〇〇九年）を手かがりにして確かめておこう。本書は、サブタイトルを「諸外国との比較でみる学童保育問題」としていることからわかるように、「子どもの放課後」と「学童保育」とを並べて国際比較を行なった貴重な文献である。ただ、必ずしも「放課後対策」と「学童保育」の区別と関連を明確にしていないという問題点をもつ。そこでここでは上記のような放課後時間の多様な意味合いをふまえ、日本の学童保育に焦点をあわせつつ、主としてヨーロッパ諸国の学童保育の性格を確かめておくことにしよう。[12]

第一は、学童保育の先進国スウェーデンのタイプである。スウェーデンは、放課後を何よりも「保育に欠ける時間」としてとらえて学童保育を発展させた国である。「保育に欠ける子ども」は、乳幼児にせよ学童にせよ、一九六〇年代後半以降の女性の労働力化、したがって男女共働き化から生まれたものであった。当然、学童保育は保育所の整備・拡充に先導されて進むことになる。保育所保育が一般化するにつれて、学童保育も放課後生活の標準的スタイルとなる。

スウェーデンでは、一九九八年から一―六歳の児童はすべて保育所、六―七歳児は就学前学級、就学児童は学校と学童保育で昼間の生活を送ることで統一された。もちろん、子どもが「自由時間」を家族や地域で過ごすのは自由選択である。ただし、およそ四分の三以上の子どもが学童保育で生活し、しかも、学童保育が学校敷地内に併設されているようなところでは、学校教育と学童保育の生活との関係が問題にならざるをえない。学校教育と学校外教育（保育）とをどのように相互に関連づけるかという問題である。スウェーデンでは、学校教育の教師と学童保育（スウェーデンでは学童余暇センター）の指導員の養成課程はすでに統一され、日本流にいえば、教師と指導員が互いに学校教育と学童保育をかけ持ちするところにいたっている。

第二は、「地域社会の生活時間」と「自由時間」における大人たちの余暇活動が先行的に発展し、そこに「保育に欠ける時間」を吸収・統合するようにして学童保育を発展させた国、フランスである。フランスには、学童保育が生まれるはるか以前の第二次大戦前、すなわち一九三〇年代から労働運動が労働時間を短縮し、自由時間を生かした各種余暇活動を発展させてきた歴史がある。労働者の自由時間が、家族・地域社会の各種余暇活動を発展させたのである。その典型が長期休暇（バカンス）を生かした文化・スポーツ・グリーンツーリズム、そして休養であった。この自由時間を享受する大人たちの諸活動のもとに学童の「自由時間」が組み込まれると、地域の余暇センターが学童保育を担うことになる。

ただし、地域の余暇センターが学童保育を担うようになったといっても、ここでは三点ばかり注意が必要である。第一は、労働運動が労働時間に制限を加え、短期・長期の自由時間を確保したところでは、フランスにかぎらず、スウェーデンやドイツ、イタリア等においても、地域社会における余暇センター型活動が発展し、これが学童保育をいわば代行する役割を担ってきたことである（たとえば、スウェーデンの余暇センター、ドイツの多世代の家、イタリアの人民の家）。第二は、労働者・住民の自由時間を活用した余暇活動は、自由時間を基礎にしたものであるだけに、民間の非営利団体を中心的な担い手として発展するということである。公共機関は、非営利団体に資格を付与したり、補助金を支給したり、余暇活動に最低基準を設定する役割を担うことになる。第三は、毎日の放課後が「保育に欠ける時間」となる子どもたちが増大するにつれて、余暇センター型活動だけでは、学童保育固有のニーズに応えられなくなることである。そこで、フランスの場合にも、余暇センターとは別に、平日の学童保育用の場が各学校に設けられるようになった。

第三は、スウェーデンとフランスとのいわば折衷のようなドイツ型である。池本前掲書によれば、ドイツでは、幼稚園が発展したデイ施設が〇歳から一四歳までの子どもを受け入れ、就学児童に対しては、事実上、学童保育のような役割を果たしている。この国では、一四歳未満の子どもに保育施設を用意するのは市町村の義務である。そのために、たとえばベルリンでは、学校のすべてに学童保育コーナーを設置することになったという。

だが同時に、この国は音楽をはじめ、地域コミュニティにおいて市民の自発的なクラブ、団体活動が活発な伝統をもち、現代では、労働者の自由時間にもとづく余暇活動がこれを支える。フランスの余暇活動に類似の地域コミュニティの生活時間があるわけである。この地域コミュニティの生活時間で子どもの「保育に欠ける時間」が穴埋めされるとき、日本の学童保育（放課後児童健全育成事業）とは違った学童保育が生まれる。

第四は、放課後が「市場社会の生活時間」となった国である。ここでは、固有の意味での学童保育は成立しない。その典型はアメリカである。放課後の生活が市場の原理によって串刺しにされたところでは、「保育に欠ける子ども」に必要な保育サービスは市場から買い取らなければならない。アメリカでは、乳幼児にせよ、就学児童にせよ、必要な保育サービスは市場から調達する、というのが原則となる。ここでは、保育サービスを利用する家族には保育料の一部を税額控除（Child Care Tax Credit）で補助する州が多いが、[13] これを学童保育にあてはめたのが、ヨーロッパではイギリスである。

イギリスで学童保育を担うのは、学校外ケア（Out of school care）と呼ばれる八歳未満児の保育施設である。その利用者は登録制ではなく、誰もが自由に利用できる。その利用料の一部が、前述の税額控除制を通じて補助されるわけである。したがってこれは、厳密にいうと、学童保育というよりは、全児童向けの放課後対策事業と呼ぶべきケアである。問題なのは、学童保育と呼ぶにはふさわしくない放課後対策事業が、なぜイギリス（そしてアメリカ）で発展してきたかにある。

英米型の放課後対策事業が発展するのは、先に確かめた放課後時間の意味にそくしていえば、まず「①家族生活時間」と「②地域コミュニティの生活時間」が崩れ、それにかわって「⑤市場社会の生活時間」が放課後を覆うようになったこと、そのために、子どもにとっての「③自由時間」と「④保育に欠ける時間」を、他ならぬ市場型の教育・保育・文化サービスが埋めるようになったことによる。おまけにこの両国では、アメリカは伝統的に、イギリスはサッチャー政権以降、学校教育が能力主義競争のもとにさらされてきたから、子ども世界には、全生活時間における生活・学力・文化等の格差・貧困問題が広がる。そこで放課後事業は、この子どもに広がる格差・貧困問題に対する対策としての役割も持たされることになったのである。

英米型放課後事業の新自由主義的性格

端折っていえば、この英米型アングロサクソン社会の子どもたちは、まず学校生活において能力主義競争による学力格差・貧困問題を抱える。放課後には、家族・地域コミュニティの崩れによる治安の悪化、アンダークラスの増大、犯罪の多発、生活・文化の格差拡大等に見舞われる。だが、こうした問題を解決するための手立ては、市場社会型手法によるほかはない。放課後対策事業とは、こうしたことを背景にして生まれたのである。

英米のこのような放課後事業対策の特質は、先のドイツ・フランス・スウェーデンと比較していえば、三点にまとめられる。

第一は、利用料の税額控除制を典型にして、放課後対策事業は現金給付方式による補助事業だということである。これは、スウェーデンにみる学童保育の現物給付方式とは、大きな違いがあるといわなければならない。

第二は、学校外ケアが教育・学力格差問題の尻ぬぐい的対応策の意味が強いということである。イギリスにおける学習支援のための放課後事業は「拡大学校（Extended School）」と呼ばれるが、これは学校教育で生まれた学力格差を放課後の学校外ケアによって是正することを目的にしたものである。学校外ケアは、この場合、学校での遅れを取り戻すために塾をあてがうような意味をもってくる。

そこで第三に、放課後事業とは（特にアメリカでは）全体として地域社会の貧困・治安対策的意味合いの強いものにならざるをえない。つまり、すべての児童・地域に開放されているとはいえ、実際には、特別に貧困な地域・階層・人種、また社会から排除された家族等を再度包摂する社会統合策の意味合いが強くなってくる、ということである。

このようにみてくれば明らかなように、英米型の放課後事業とは、大阪で橋下市政が手がけていることにあたかも同じである。なぜなら、橋下市政は、①まず学童保育を全児童対策事業に吸収・一元化し、②続いて子どもの貧困・格差問題に対しては、西成区という特定の地域をパイロット地域に選んで、バウチャー方式による学力格差是正に向かっているからである。これは、英米の放課後事業と大阪・橋下市政のそれとが、同じ新自由主義路線にたったものであることを物語るものにほかならない。英米両国と橋下市政は、学童保育の現物給付原則から逸脱したところに立っているのである。

4　福祉国家型学童保育の発展に向けた指針

福祉国家のなかの学童保育には、いかなる発展方向が待ち構えているか。この点を、現代日本の現状にそくしつつ、これまでに検討してきた学童保育の現物給付原則、ヨーロッパ諸国の学童保育の動向等を踏まえて、最後に検討しておくことにしたい。とはいえ、ここで学童保育の内容・施策・運動全般の課題を詳細に述べることは、到底できない。本書では、学童保育の歴史的意義や社会的役割、その現場における教訓や到達点・課題、学童っ子の発達や指導員の専門性、制度の将来的あり型等についての詳しい検討は後の章で行なわれる。

そこでここでは、三点にしぼって、福祉国家のなかの学童保育にかかわる論点をとりあげておくことにしよう。三点というのは、まず第一は地域コミュニティと学童保育の関係、第二は学校教育と学童保育の関係、第三は全児童対策と学童保育との違いと関連のことである。これら三つの論点は、先に指摘した放課後時間の五つの意味、またヨーロッパ諸国の学童保育の特質とかかわった問題であることは、あらためて指摘するまでもないだろう。さらにまた、これら三つの論点はすべて、「福祉国家vs.新自由主義」の政策的対決点にかかわる問題でもある。

地域コミュニティ再生拠点と子育てセンターとしての学童保育

地域コミュニティと学童保育の関係を考えていくためには、まず子どもにとっての放課後時間が、「家族生活の時間」と「地域コミュニティのなかの生活時間」であったことを思い出す必要がある。この「家族プラス地域」の二重の意味での生活時間は、子どもにとっては、さしあたり大人たちが取り仕切る時間である。だが、資本主義の発展とともに、この「家族プラス地域」の生活時間は圧縮され、子どもたちに居場所と出番を与えた血縁・地縁のコミュニティ活動はじわじわと衰退する。それは、「家族プラス地域」の時間・空間を市場と企業の二つの力が支配し始めるからである。

ゲマインシャフト（共同体社会）がゲゼルシャフト（契約社会）に移行するにつれて、「家族プラス地域」の時間・空間は市場社会と企業社会に包摂されるようになるのである。たとえば、長時間労働に追いまくられる労働者家族には、家族・地域の生活時間はほんの限られたものでしかない。ここでは、子どもの放課後に待つ「家族生活の時間」も「地域コミュニティのなかの生活時間」も、きわめて限られたものにならざるをえない。

戦後日本の都市部で起こったことはこの事態、すなわち子どもにとっての「家族プラス地域の生活時間」が圧縮されたことであった。これはたとえば、四季折々の地域行事、祭りごとを考えてみればよい。地域の伝統的祭りは、全国どこでも、コミュニティの残存を示す最後の行事であるが、サラリーマン世帯が多数を占める都市部では無残にも姿を消すことになった。現代日本において盆暮れの帰省列車が満員なのは、失われたコミュニティ活動・文化に対する追憶を示すものにほかならない（ここでは、紙数の関係上、コミュニティの空間、すなわち景観、自然環境、町並み、たたずまい、遊び場等は省略する）。

ただし、子どもの放課後は「家族プラス地域の生活時間」であると同時に、義務教育の学校から「解放」された「自由時間」でもあった。この「自由時間」は、「家族プラス地域の生活時間」が圧縮されたところでは、何もない空っぽという意味でのフリー・タイムということになる。だが、子どもは空っぽな自由時間では、空気のない真空においてと同様に、育つことができない。そこで資本主義社会では、このいわば真空の時空間を市場が埋めることになる。「家族プラス地域の生活時間」が空洞化していくところを、先述のとおり「市場社会の生活時間」が穴埋めするのである。

だが、ヨーロッパの放課後事業はこれとは別の選択肢を示すものであった。フランス、ドイツ、スウェーデン等は、資本主義の発展にあわせて「家族プラス地域の生活時間」が一路空洞化に向かうのではなく、地域コミュニティを再生するような余暇活動が労働者のなかで新たに生まれてくる、ということを示した。このコミュニティ再生型余暇活動が、固有の意味での学童保育に先駆けて、放課後児童に居場所と出番を与えることになったのである。その典型を私たちはフランスにみた。

では、なぜフランスにおいて、早くからコミュニティ再生型の余暇活動が生まれたのか。また、フランス・ドイツ・スウェーデン等において、なぜ余暇活動に結びついた学童保育が発展することになったのか。言うまでもなく、その答えは明らかである。労働時間の制限・短縮、これが決定的な条件である。労働者の余暇活動には、労働時間の短縮による自由時間の確保が不可欠の前提であり、放課後児童の「自由時間」を地域コミュニティの余暇活動に結びついた学童保育の時間にするためには、まずは何より成人労働者の余暇（＝自由時間）がなければならない。では、労働時間の制限・短縮は何によって実現したか。労働運動の力である。労働運動の力を抜きにしては、労働者の自由時間は確保されず、したがって、自由時間にもとづくコミュニティ再生型の余暇活動も生まれない。

現代日本の学童保育が抱える困難の一つはここにあるといってよい。長時間労働に阻まれて大人たちのコミュニティ再生運動がなかなか発展しないところでは、逆に学童保育を拠点にした「子どもたちの育つ地域づくり運動」を進めなければならない。保育所や学童保育がいま、全国の方々において地域の子育てセンターとしての役割を期待されるようになっているのは、このためである。

現に学童保育は、いまや新たな地域づくり運動を担う有力な拠点施設になりつつある。指導員の仕事も、保護者とともに、地域の共同・協働を組織することに向けられるようになった。たとえば、宮﨑隆志は北海道の運動経験を総括して、「学童保育は家庭や学校にとって代われるわけではない。むしろ……放課後の集団的な子育ての場として位置づけられるべきものであろう」としつつ、「指導員は、親たちの協同と協働を支え発展させる役割を、保育実践を通して親とともに担う専門家である」と指摘している。[14] 山本敏郎が学童保育を「行政による生活指導」「市場による生活指導」に対比される「地域生活指導の一環」を担うものととらえ、指導員に地域生活指導の専門性を求めたのも、同じような問題関心によるものである。[15]

市場化・学校化する放課後のなかの学童保育

子どもたちの放課後で「家族プラス地域の生活時間」が希釈化ないし空洞化すると、現代日本では、それを埋めるように、二つの時間が拡大し始める。一つは、「市場社会の生活時間」の拡大、いま一つは学校生活の拡大、すなわち「放課後の学校化」である。[16] この「放課後の市場化と学校化」が同時に進行する過程で、日本では全児童対策事業が、イギリスでは「拡大学校」が現われることになったのである。

だが、学童保育は全児童対策事業に吸収・一元化することはできない。なぜなら、現代日本の全児童対策はいまのところ、「放課後の市場化と学校化」の単純延長線上で登場したものにすぎないからである。市場化と学校化が進む放課後は、子どもたちにとって「自由時間」としての放課後が少なくなることを意味する。中西新太郎は市場化と学校化のもとにおかれた子どもたちは、「身のおき所」と「心のおき所」が奪われた状態に陥れられると警告し、それが子どもたちの「生きられる場所」を奪い、生きづらさを生みだすと分析している。[17] この市場化と学校化の流れのなかの一つの選択肢として、子どもたちに放課後対策事業が与えられたところで、それが学童保育の代替物にはなりえないことはおよそ自明である。

イギリスに例をみる「拡大学校」も、日本の学童保育が担う「遊びと生活の場」たりえない。なぜなら、「拡大学校」は、学校教育の現状が生みだした問題を、学校教育そのものの改革によってではなく、放課後において是正しようとする試みにほかならないからである。ここでは、文字どおり「放課後の学校化」が進み、子どもたちから放課後の「自由時間」が奪われる。放課後が、広義の補習時間に転化してしまうのである。「拡大学校」の課題が学校の補習であれば、学習塾その他の学校外スクールであっても用が足せるとなる。大阪の橋下市政が「子どもの貧困」対策として、学習塾向けにクーポン券の支給を始めたのは、これと同じ趣旨による。

学童保育はむしろ「拡大学校」とは逆の場所、すなわち学校教育のツケを引き受けるのではなく、「学校で失われたもの」を回復・再生する場でなければならない。現代日本における「学校で失われたもの」とは何か（念のため、ここでは「学校教育」ではなく「学校」で失われたものに限定している点に注意されたい）。今ここで要約していうのは難しいが、久田敏彦はこれを「競争主義が学校から奪いとったもの」と総括する。[18] 逆に言えば、競争主義によって奪われたものを再生・回復すること、ここに学童保育の出番がある、ということになる。

その具体的内容とは、いかなるものか。これこそは、これまで各地域の学童保育の実践が探求してきたものである。[19] スウェーデンでは、学童保育がほとんど全児童向けといってよいほどに一般化したもとにおいて、この学童保育固有の課題・内容が検討されているといってよいだろう。学校教育と学童保育とは、相互依存および相互規定関係にあるのである。ここでは、学童保育のこれまでの実践的探求をおさえて、いくつかの指針を指摘おくことにしたい（その詳細は、後の章を参照）。

学童保育に固有な力を生かした子どもの居場所づくり

第一は、かつての「家族・地域の生活時間」に存在したような子どもたちの居場所づくりの課題である。たとえば、梅原利夫は放課後が「緊張から解放された子どもを無条件に『受容してくれる』場であって欲しい」と子どもたちは願っている、と指摘する。[20] また、中西新太郎も「そこにいることでほっと息がつける、安心してその場にいることができる」居場所としての学童保育の存在感を期待する。[21] これは、学童保育が子どもたちにとって本物の「自由時間」になることを期待した指摘である、といってよい。

自由時間といっても、それはただし、何をしようが好き勝手自由、真っ白な空白の時間という意味での自由時間ではない。現代の子どもたちの「遊びと生活」には、先に山本が指摘したような「地域生活指導」のような援助またはケアが必要である。二宮衆一も放課後事業には「子どもたちが主人公となれる自由な時空間を生み出せる大人の介入のあり方を探る」ことが必要だ、と指摘する。[22]

このことは、第二に、学童保育には「遊びと生活の場」の両面にわたって、指導員の側の新たな働きかけが必要だ、ということを物語るものである。言いかえると、現代の学童保育には、子どもの自由放任ではなく、指導員の専門的ケア労働が不可欠である。

いま「ケア労働」と書いたのは、学童保育では、労働主体としての指導員が発達主体としての子どもに働きかけ、その主体‐主体間の関係を通じて子どもの生活と人格形成を担うことをケア概念でとらえる試論があるからである。[23] 学童保育指導員の専門性に関する検討は本書第Ⅱ部第3章に委ねるとして、いまここで確認すべきことは、現代の学童保育には、指導員の労働に子どもの発達保障のための新たな専門性が問われるということである。[24]

これは、子どもにとって自由の代名詞といってよいほどの遊びについてもいえることである。「子どもの遊び研究」の第一人者といって過言ではない加用文男は、学童期の「子どもの遊びはまさに『なんでもあり』の未解明の宝庫です」と述べ、その研究は「まさしく前人未踏の課題」と言い切っている。[25] 実際、学童保育のなかの遊びは、彼が紹介している例だけでも、豊富な宝箱といってよいほどに、かつてない広さと膨らみをもつ。ここで重要なことは、この豊かな「遊びの宝庫」が、ほかならぬ指導員と学童っ子の集団的一体化の産物だということである。新しい遊びを生みだすのも指導員ならではの専門性の一つなのである。

第三は、新しい遊びを生みだす学童っ子たちに固有な集団性を生かす課題である。なぜなら、少なくとも現代日本の学童保育は、歴史的にみても希な子ども集団から構成されているからである。学童保育の子ども集団の特性は、要約していうと、①学齢期の子ども集団、②異年齢の子ども集団、③生活と遊びのなかの子ども集団、④一定の恒常的・安定的子ども集団、⑤特定地域の子ども集団、といった点にある。[26] これらは、たとえば保育所や小学校のクラス集団や、地域子ども会、塾・習いごと集団、遊び仲間等とは異なる学童保育の集団的特質を示すものである。全児童対策事業の子ども集団との違いは指摘するまでもないだろう。学童保育の子どもたちは、歴史上、他に例をみない独特の集団なのである。

独特の集団には、独特の集団づくりが必要である。これ一つとっても、学童保育の指導員に問われる労働の特性は、他には還元できないことだといわなければならない。子どもたちの発達条件としても、同じことがいえる。古来、子どもは集団のなかで育つといわれてきたが、そして、それはまさに真実だといってよいが、歴史上希有の集団的特質をもちあわせた学童保育のなかの子どもの成長・発達には、それにふさわしい社会制度を準備しなければならないのである。これが福祉国家型の学童保育制度に求められる課題である。

おわりに——岐路にたつ学童保育

現代の学童保育には、その役割にふさわしい福祉国家的制度の確立が求められる。その先例は、日本の場合、学童保育に先駆けて法制化された保育（所）制度にみることができる。保育制度の核心はどこにあったか、それは現物給付原則にたった保育の社会的保障にあった。この点はすでに本章で確かめたところである。

だが、日本では、大阪の橋下市政に典型をみるように、この現物給付原則を見直そうとする動きが保育・教育その他の社会サービス分野で後を絶たないのが現状である。実は、民主党野田政権が二〇一二年夏に強行した「社会保障・税一体改革」に組み込まれた「子ども・子育て新システム案」は、その大規模な現われにほかならなかった。というのは、「新システム案」は、これまでの「市町村の保育実施義務」を核心にした保育サービスの現物給付原則を現金給付型のものに切りかえようとするものだったからである。

現金給付型の保育制度とは、①利用者は保育所を自由に選択して保育サービスの売買契約を結ぶ、②自治体等は保育所の利用者に保育料補助金（したがってバウチャー）を支給する、③認定された保育所は保育料収入を財源にして独立採算型の保育所経営にあたる、という仕組みである。この場合、保育に対する公的責任は、一定の条件を備えた保育所に保育施設の資格を与え、保育を必要とする者に一定の公的補助金を支給することに限られる。つまり、保育所の運営そのものに責任を持ち、保育を必要とする子どもに保育サービスそのもの（現物）を給付する責任を果たすのではなく、利用者に対して保育料補助の現金を支給するだけの役割に変じるのである。これが、現物給付原則にたった福祉国家的諸制度を解体する新自由主義の挑戦であることは指摘するまでもない。

この「新システム案」では、学童保育に関して、次のような将来像が描かれていた。まず、「市町村又は事業者は申し込みに対して、サービス利用にかかる可否を決定し、登録児童として管理」する。つまり、学童保育の利用者として適格であるかどうかを、市町村や事業者がその適否を判断するというのである。続いて、「市町村又は事業者は、利用児童等の状況を踏まえ、利用料の決定を行う」。これは要するに、各学童保育ごと、利用者ごとに、利用料金を決定するということである。学童保育の利用者はここで、決められた利用料金を払って学童保育のサービスを買う、ということになる。だが、利用料が家庭にとってあまりに高すぎる場合がある。そこで最後に、「利用料減免を実施する場合には利用者から市町村への減免の申請を行う」。つまり、低所得の家庭には、市町村が料金の減免措置をとって、その分を負担する、というわけである。

読めばすぐわかるとおり、「新システム案」の学童保育版は、利用者に対して補助金を支給する現金給付型のものに再編成することをねらったものであった。保育所と同様に学童保育も現金給付型のものに切りかえようとしたのである。これは、福祉国家の解体を意図した新自由主義的逆流が保育・学童保育にも襲いかかったことを意味する。

この逆流は、保育関係者の努力と運動の結果、幸いというべく、その半分を食い止めることができた。保育所については、現行の「市町村による保育実施義務」を残すことができたからである。ただし、野田政権は最後の悪あがきのように、保育・学童保育の将来のあり方に現金給付型の大きな枠組みを設定して、「社会保障・税一体改革」の強行採決に踏み切った。これが二〇一二年夏段階の保育・学童保育をめぐる状況である。したがって、現代日本ではここ当分のあいだ、福祉国家的制度としての学童保育をどのように作りあげていくか、これが問われ続けることにならざるをえない。

（1）G・エスピン-アンデルセン（渡辺雅男・景子訳）『ポスト工業経済の社会的基礎』桜井書店、二〇〇〇年、同『福祉国家の可能性』桜井書店、二〇〇一年参照。

（2）「福祉国家解体戦略としての新自由主義」の論点については、二宮厚美『新自由主義からの脱出』新日本出版社、二〇一二年参照。

（3）二宮厚美『保育改革の焦点と争点』新日本出版社、二〇〇九年参照。

（4）橋下評価に対しては、さしあたり二宮・前掲『新自由主義からの脱出』、鶴田廣巳・大阪自治体問題研究所『橋下「大阪維新」と国・自治体のかたち』自治体研究社、二〇一二年を参照。

（5）サービス労働およびサービスをどのようにとらえるかについては、二宮厚美『ジェンダー平等の経済学』新日本出版社、二〇〇五年、第四章参照。

（6）基礎的社会サービスの必要充足原則が社会保障制度と福祉国家において持つ意義については、福祉国家と基本法研究会・井上英夫・後藤道夫・渡辺治編著『新たな福祉国家を展望する』旬報社、二〇一一年を参照。
（7）詳しくは、二宮厚美『発達保障と教育・福祉労働』全障研出版部、二〇〇五年を参照。
（8）ハーバーマスのいうコミュニケーション的理性を意味する（ユルゲン・ハーバーマス〈河上倫逸他訳〉『コミュニケイション的行為の理論（上）』未来社、一九八五年。ハーバーマスのコミュニケーション的理性についての解説は、二宮・前掲『発達保障と教育・福祉労働』、および池上惇・二宮厚美編『人間発達と公共性の経済学』桜井書店、二〇〇五年参照）。
（9）保育・教育における発達保障労働と発達主体＝子どものコミュニケーション関係については、障害児教育の現場を例にした二宮厚美・神戸大学附属養護学校編著『コミュニケーション関係がひらく障害児教育』青木書店、二〇〇六年を参照。そこでは、教師と障害児のコミュニケーション関係のなかで教育が進行することが教育現場の実態にそくして明らかにされている。
（10）テンニエース（杉之原寿一訳）『ゲマインシャフトとゲゼルシャフト』岩波文庫、一九五七年。
（11）ミシェル・フーコー、田村俶訳『監獄の誕生』新潮社、一九七七年。フーコーの国家論上の評価については、ジェソップ（中谷義和訳）『国家理論』お茶の水書房、一九九四年参照。
（12）以下の欧米諸国の紹介は、主として池本美香編著『子どもの放課後を考える』勁草書房、二〇〇九年によったものである。日本では、諸外国の学童保育はよく知られておらず、本書の貢献は大きい。記して感謝しておきたい。
（13）保育行財政研究会『保育市場化のゆくえ』自治体研究社、二〇〇一年参照。
（14）宮﨑隆志「学童保育実践の構造と指導員論の視座」『学童保育研究』第七号、二〇〇六年七月。
（15）山本敏郎「地域生活指導としての学童保育実践」『学童保育研究』第五号、二〇〇四年一一月。

(16)「放課後の学校化」については、二宮衆一「子どもたちの放課後生活の現状と学童保育」『学童保育研究』第一一号、二〇一〇年一一月。
(17) 中西新太郎「生きる場所を築くということ」『学童保育研究』第一二号、二〇一一年一一月号。
(18) ただしこれは、久田敏彦「学力問題と学童保育」『学童保育研究』第一〇号、二〇〇九年一一月号の論述を筆者なりにまとめて表現したものである。なお、新自由主義に襲われた学校教育で失われたものについて、より総括的には佐貫浩『危機のなかの教育』新日本出版社、二〇一二年を参照。
(19) ここでは、これまでの取り組みを示すものとして、「学童保育」編集委員会編『シリーズ学童保育』全五巻、大月書店、一九九八―九九年、大阪保育研究所『学童保育ハンドブック』草土文化社、一九九九年をあげておく。
(20) 梅原利夫「『ただいま』の瞬間を読み取る目」前掲『学童保育研究』第一一号。
(21) 中西・前掲論文。
(22) 二宮衆一「子どもたちの放課後生活を保障するには」前掲『学童保育研究』第一二号。
(23) 中山芳一「いまこそ学童保育に『ケア』のつながりを」『学童保育研究』第九号、二〇〇八年一〇月。
(24) 指導員の実際の業務内容にそくして、いかなる専門性が問われるのかについては、植田章「なぜ、いま仕事と専門性が問われるのか」、阪口正軌「指導員の仕事、専門性、要請内容を考える」前掲『学童保育研究』第七号が検討している。
(25) 加用文男「学童保育における遊びの研究」前掲『学童保育研究』第一〇号。
(26) 学童保育集団と指導員の専門性の関係は、二宮厚美「21世紀に生きる学童保育指導員」大阪学童保育連絡協議会『子ども時代を拓く学童保育』自治体研究社、二〇〇〇年参照。

第2章　現代日本社会と学童保育

増山　均

はじめに

「子育て支援」ということばが社会政策の重要な課題になって久しいが、いま日本社会は、人が生まれ育ち社会の担い手になっていくその筋道において、多くの困難を抱えている。子育ては、子どもの誕生のときから、子どもを見守り育てる人と人との深いかかわりとつながりを必要とする。しかし、産業化社会の進展にともない、伝統的な地域共同体と家族の紐帯が弛緩して、人と人のかかわり・つながりが日々希薄になってきた。二〇一〇年一月三一日NHKスペシャルで放映された『無縁社会――〝無縁死〟三万二千人の衝撃』[1]は大きな反響を呼んだ。一時間の番組の間に視聴者から一万四〇〇〇件の書き込みがなされたという。二〇代、三〇代が、「将来自分も同じ道を歩きかねない」「行く末のわが身に振えました」「無縁死予備軍だな」と、番組を見ながら将来の自分自身の姿を見ているような気になったというのである。

現代日本の社会問題を象徴するキーワードとしての「無縁社会」は、これから子どもを産み、子育てをしていく若い世代に大いなる不安を与えている。「無縁社会」は、さらに「子どもの無縁社会[2]」問題として、その深刻さを子ども・子育ての分野に拡大している。人間関係の解体をもたらす「無縁社会」の進行は、その社会で人間が生まれ育っていく環境の根幹を揺るがし、社会そのものの衰弱をもたらす。

子どもを産み育てることを通じて、人と人とのかかわりを生み出し、つながりを編みなおしていくにはどのようにすればよいのか、子育て文化とコミュニティの再建を通して「無縁社会」を克服する可能性を探りたい。

小論は、こうした現代日本社会の動向のなかで、学童保育（実践・運動）が果たしている役割と課題を明らかにすることを目的としている。

1　現代日本社会と学童保育の展開

(1)　子育ての社会化と保育・学童保育

戦後日本の地域社会と国民生活は、一九六〇年代の高度経済成長期を境にして激しく変貌を遂げた。農村的な生活様式から都市的生活様式への急転換によって、地域共同体と家族の解体が進み、その下で「外部化」された生活を円滑に進めるためには「社会的共同的生活手段」（住民のための各種の共同利用施設や公共的サービスなど）の整備が不可欠となった。生活の問題とともに、子育て・保育・教育の側面において進んだ「社会化」への対応は、はたして十分であったのかどうか、また整備された内容そのものに問題点はなかったのかどうかを問い直す必要がある。

一九六〇年代以降、子育ての社会化に対応すべき保育施設の公的整備は、ニーズの広がりに対して、量的にも質的にも遅れをとり続けてきた。そのため、住民自身の手による共同保育運動とそれにつづいて学童期の子どもの保育＝学童保育運動が発展し拡大してきた。

「道を歩いている人に『学童保育って何ですか』と尋ねて、正しく答えられる人は、どのくらいいるでしょうか、おそらく一〇人に一人もいないでしょう。[3]」

一九七〇年九月に出版された『あめんぼクラブの子どもたち―学童保育の指導と運動』（大塚達男・西元昭夫編著、鳩の森書房）に収録された「学童保育の中の日本」の冒頭を、西元昭夫はこのように書き起こしていた。

西元が記したように、「学童保育」という言葉が、関係者以外の市民のなかでまったく知られていなかった時代から四〇年余、今日の学童保育の量的発展には目を見張るものがある。全国学童保育連絡協議会の最新の調査（『学童保育情報２０１２-２０１３』）によれば、学童保育は今、全国一五九八市町村に二万八四三か所、八四万六九一九人が利用する施設となり、新一年生の二五％が学童保

共働き世帯の増加と学童保育数の変化

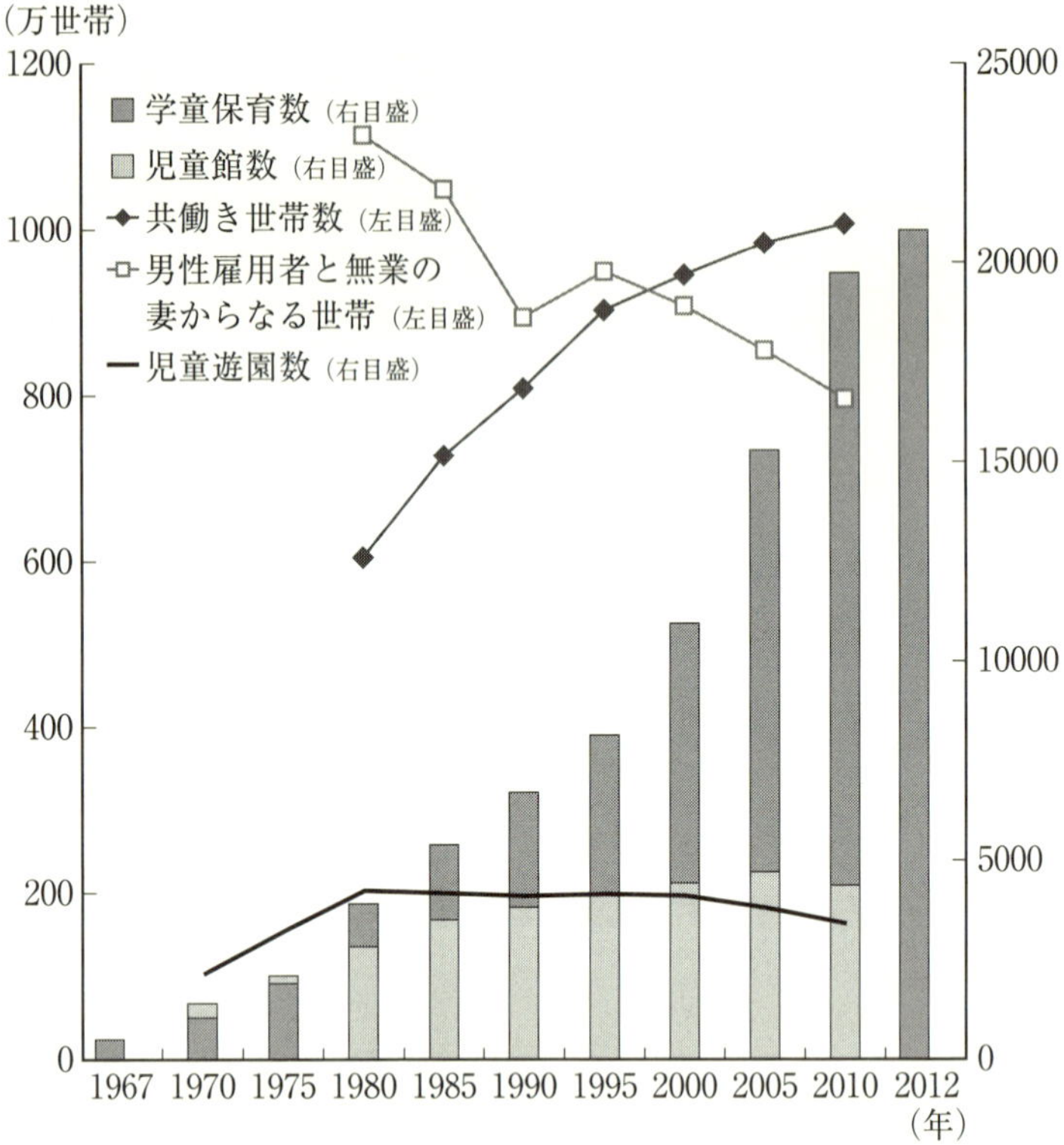

	1967	1970	1975	1980	1985	1990	1995	2000	2005	2010	2012
共働き世帯数	-	-	-	614	722	823	908	942	988	1,012	
男性雇用者と無業の妻からなる世帯	-	-	-	1,114	952	897	955	916	863	797	
児童館数	-	1,417	2,117	2,815	3,517	3,840	4,154	4,420	4,716	4,360	
児童遊園数	-	2,141	3,234	4,237	4,173	4,103	4,150	4,107	3,802	3,407	
学童保育数	515	1,029	1,900	3,938	5,449	6,708	8,143	10,976	15,309	19,744	20,843

備考：図表は内閣府『男女共同参画白書（平成 23 年版)』、全国学童保育連絡協議会『学童保育情報 2012 — 2013』、児童健全育成推進財団『児童館—理論と実践』2007 年、ミネルヴァ書房『社会福祉小六法』平成 23 年版等を参考に作成した。

育に入所している。学童保育に入れない「待機児童」も増え、潜在的な待機児童は五〇万人もいるといわれており、いまや学童保育は、子育て家庭にとってなくてはならない施設になった（前頁の図表参照）。小学校低学年の子どもたちは、学童保育の場で年間平均一二七八日、一六五〇時間以上も過ごしており、それは小学校で過ごす時間よりも約五一〇時間も多いといわれている[4]。

もし今道行く人に、改めて「学童保育って何ですか」と問えば、ほとんど知らない人はいないくらいの市民権を得ていると思われる。

「学童保育」の発展を支えてきた原動力は何か。その第一の力は、女性労働の広がり、共働き家族の増加・量的な拡大にあり、学童保育を必要とする父母・市民の要望をエネルギーとして量的な発展を遂げてきた。第二に、悪条件のなかでも日々の学童保育実践を支えてきた指導員の献身的な努力・実践力にある。そして第三は、父母と指導員の協同の力で生み出した学童保育運動の組織力にあった。

(2) 学童保育の誕生と展開

その歴史は、古くは戦前から帝大セツルメントによる「御伽学校[5]」など、共働き家庭の子どもの居場所としての学童保育実践があったが、本格的なスタートは戦後のことである。これまでの研究によれば、一九四八年大阪の今川学園が小学校入学後の卒園児の保育を措置児扱いとして開始し、一九五〇年代に入ると東京都北区の労働者クラブ保育園で卒園児の母親たちが共同で学童の保育を試みたことが記録されている。日本の学童保育は、都市部において父母自身の手による共同保育として始まり、乳幼児期の保育の延長として、文字どおり学童期児童の保育の場として市民運動のなかから誕生した。

一九六〇年代になると、『児童福祉白書』(厚生省児童局編、一九六三年)で「保育に欠ける児童」への着目がなされ、[6]『子ども白書』(日本子どもを守る会編、一九六四年)の創刊号で「カギっ子」が取り上げられるなど、[7]共働き家庭の増加に伴う「留守家庭児童(カギっ子)問題」への対策が必要となり、全国的な広がりをみせた。しかし、学童保育に対する国の対応は、厚生省による「カギっ子」対策としての児童館への国庫補助開始(一九六三年)、文部省による「留守家庭児童会育成事業」(一九六六年)の開始のように、福祉行政と文部行政の谷間の問題として、本格的な対策がたてられないまま推移した。

学童保育に携わる指導員と父母の連帯により全国的な運動団体(「全国学童保育連絡協議会」一九六七年)の結成とそのイニシアティブにより、学童保育への公的支援を求める市民運動が強められてきた。一九六〇年代から七〇年代にかけて誕生した東京や大阪での革新自治体のもとで、学童保育への補助金支出や指導員の身分保障が実現し、国に対する学童保育の制度化要求が高まっていく。一九七〇年代から八〇年代にかけて、全国学童保育連絡協議会の呼びかけによる制度化要求五〇万人署名(一九七五年)などが継続的に取り組まれた。

一九七六年からは、厚生省が「都市児童健全育成事業」を開始し、学童保育ニーズに対応するものとして「児童育成クラブ」への補助を始めた。しかしこれは、留守家庭児童対策を児童館や校庭開放で対応するとの方針の下で、児童館が整備されるまでの「過渡的・一時的措置」として学童保育に補助するというものであった。しかも、人口五万以下の自治体には補助金が下りず、補助金対象の市は一〇〇市だけで、市が申請しても、県が補助金の三分の一を用意しなければ実現しないというものだった。この施策も、児童館では留守家庭児童対策は担えないとして、一九八六年には廃止された。

一九八〇年代には、政府の臨調行革「日本型福祉社会論」(自助努力・相互扶助、受益者負担の明確化、行政依存の脱却、民間活力の活用)によって、自治体補助金の削減、民間委託・法人委託、児童館との一元化が進められ、学童保育の施策は後退した。しかし、学童保育を求める願いは一大国民運動となり、一九八五年には国の制度化を求める国会請願(一〇八万署名)が行なわれ、一〇二回国会でこの請願は採択されるにいたった。

学童保育が、実際に制度化されるまでには、その後一〇年余の歳月を要し、一九九七年になってようやく児童福祉法が改正され「放課後児童健全育成事業」という名称で法制化され、社会福祉法に第二種社会福祉事業として位置づけられた。法制化されたことにより、学童保育はその後一気に量的な発展を遂げる。一九九七年の九〇四八か所から、一〇年後の二〇〇七年には一万六六六八か所へ、そして二〇一二年現在二万八四三か所へとその数は急速に増加しているが、今なお下記のような多くの課題を抱えていることが指摘されている。(8)

①量的不足問題（学童保育はまだまだ不足している。潜在的待機児童五〇万人）、②大規模化問題（厚生労働省のガイドラインでは適正規模を四〇人程度としているが、七一人以上の施設が一三五二か所もある）、③施設条件問題（平均一人当たり二・五九平方メートル、静養室がない、専用トイレがないなど）、④指導員問題（年間二〇〇〇時間以上、平均入所児童数四四・七人、指導員三・八六人、採用資格条件なし〈有資格者‐教員・保育士・社会福祉士など〉七〇％、半数の指導員が平均年収一五〇万円未満、社会保険なし三七・五％、退職金なし七一・三％、非正規職員が六万四三〇〇人、勤続年数一―三年が半数占める、働き続けられない、欠員がある市町村一二・八％など）、⑤学童保育料問題（二〇〇七年調査で、月額五〇〇〇円未満四一・八％、五〇〇〇円―一万円四六・四％）、⑥自治体間格差問題、⑦国の補助金問題（一施設年間六〇〇万で運営できると想定、国負担額は六分の一）、⑦「全児童対策」問題（学童保育ニーズは「特定の子」、「全ての子ども」対策を優先し、学童保育は廃止へ）。

2 学童保育とは何か

(1) 学童保育が示す三つの顔

今や学童保育は、日本の子どもたちの生活と発達の場としてなくてはならない存在となっている。しかし、「学童保育とは何か」を一言で説明するのは難しい。学童保育のいまが示している特徴を手がかりに考えると、そこには次の三つの顔をのぞかせている。

まず第一は、家庭の代替機能としての顔である。学校から「ただいま」といって帰ってくる子どもたちを指導員が「おかえり」といって迎える。子どもたちにとって、学童保育所は家庭に代わる第二の家庭であり、指導員は親代わりであり、学童保育はなによりも放課後の子どもの安心の居場所であり生活の拠点である。日本の学童保育は、乳幼児期の保育の延長として、学童期の保育の場として誕生し、留守家庭児童（かぎっ子）対策として発展してきた。その歴史から、児童福祉法の中での法制化がすすみ「放課後児童健全育成事業」として位置づけられ、子どもの日々の生活（暮らし）を保障する福祉行政の分野に位置づけられている。

学童保育の第二の顔は、放課後の学習の場としての顔である。多くの学童保育が、学校から持って帰る宿題を位置づけ、親たちも、学童保育で宿題を終わらせてから帰宅することを求めている。また時に、学習塾のような機能を求める親もおり、それらが学童保育に対して、学校教育の補足・延長としての学びの場としての顔をつくらせている。もちろん、学校とは異なる学びを提供している学童保育もあるが、総じて、アフタースクールとして学習の機能を担っている。

第三の顔は、子どもの遊び・文化活動の場としての顔である。学童保育では、子どもたち自身による遊びを、活動の中心に位置づけて展開しており、子どもの遊びや文化が花開く場となっている。与えられた文化、文化の消費者としてではなく、子ども文化の創造・継承の場としての位置をしめている。

このように学童保育は、福祉の場として、教育の場として、文化創造の場としての姿を示してきた。

(2) 福祉としての学童保育

福祉としての「学童保育」の側面に光を当て、児童福祉法下での「保育」概念として位置づけることを主張しているのが、石原剛志[9]である。

石原は、論文「学童保育とは何か」のなかで、「学童保育」という言葉が市民権を得たけれども、児童福祉法に法制化された「放課後児童健全育成事業」と同じものとして置き換えられて、その概念があいまいなまま使用されていることを問題にし、「保育」概念を再検討することを通じて「学童保育という概念は、単なる社会通念ではなく、児童福祉法上の『保育』概念に根拠を持った概念である[10]」として、「学童保育とは、保育所、学童保育所その他の施設において、『保育に欠ける』学齢に達した子どもを対象に行われる保育のことである[11]」という概念規定を試みている。

児童福祉法のなかに「学童保育」の用語と概念を正当なものとして据えなおした石原の研究は、法理念の側面からの学童保育概念把握として重要な作業であり、学童保育の量的発展に向けて、その公的保障の根拠を児童福祉（法）のなかに明確に位置づけようとしたことの意義は大きいが、学童保育がもつ豊かな可能性を児童福祉（法）の中に閉じ込めすぎてしまっているのではないかとの危惧もある。

(3) 教育（運動）としての学童保育

学童保育に携わる実践者のなかからは、この運動の開始期から、一貫して『教育』としての学童保育」の側面に光が当てられ、学童保育を「教育」概念としてとらえることが強調されていたことに注目しておきたい。

日本子どもを守る会編集の『子ども白書』には、その創刊号から「学童保育」が取り上げられ、時代の変化のなかでの課題や論点が紹介されている。創刊号（一九六四年）は、母親の要求で誕生した東京都板橋区の学童保育「みどり会」の実践と運動を紹介し、「ただ無事に預かるだけでなく、人格形成の大切な教育の場としたい」という保母の声で結んでいる。(12)

学童保育が全国的に広がっていく一九六八年の『子ども白書』には、学童保育の位置づけとして「学校と家庭の谷間を便宜的にうめるものではなく、遊びを中心とした集団生活のなかでの人格形成をめざす、独自の教育の場であると認めさせること」が強調されていた。(13)

さらに学童保育が全国的に広がりをみせる一九七〇年代に入ると、実践と運動の深まりを背景として、学童保育に関する単行本が次々にまとめられた。その嚆矢となった一冊に『あめんぼクラブの子どもたち—学童保育の指導と運動』（大塚達男・西元昭夫編著、鳩の森書房、一九七〇年）がある。学童保育について、もっとも早い時期にまとめられた単行本の一冊であるこの本には、創世期の学童保育の姿がリアルに描かれており、今日の学童保育の発展につながる実践と運動の原点と理念が明確に、かつトータルに記された貴重な一著といえる。編者の大塚達男は、高度経済成長期の人口激増によって一時期日本で一番人口密度が高いといわれた埼玉県福岡町（現ふじみ野市）における共同学童保育「あめんぼクラブ」の実践とともに歩み、子どもたちのなかでのわが子の育ち、指導員の姿、父母会の歩みを分析した。広がりゆく学童保育を総括して「これは独立した施設の中で独自な領域としての価値を持つ教育の場として位置づくのだ。教育運動のひとつとして考えたい[14]」とし、学童保育の社会的意義を次のように集約した。「学童保育は、客観的には働く婦人の権利とその生活を守るものとして位置づき、主体的には、その指導内容にかかわるものとして、子どもたちの全面発達をうながす教育運動として位置づくものと考える[15]」と。

同時期の一九七二年に出版された横浜市の明神台学童保育の実践記録『昼間のきょうだい』には、名著『日本の子ども』（新評論、一九六一年）を著した教育学者の小川太郎が「学童保育のすすめ」という序文を寄せている。そのなかで小川は、「学童保育」誕生の意義と歴史的役割を次のようにスケッチしている[16]。

① 「共稼ぎ」（共働き家庭）の増加は歴史的必然であり、それは「婦人の独立」（女性の自立）の必要からも社会的に推進されるべきものである。

② 親が安心して働くためには、家庭での「保育に欠ける子ども」に対する保育所が社会的に準備される必要がある。

③ しかし、保育所は託児所ではない。「整った養護と教育を行うところ」であり、「おさないう

ちからよその子どもたちとの集団生活を正しく指導し子どもの自立をすすめるところ」であり、学童保育も養護と教育の場である。

④ 本来、放課後・学校外の子どもの生活の指導の場は、共稼ぎの親の子ども以外も必要である。

⑤ 学童保育は、臨時の措置ではなく、小学校低学年・中学年の子どもの校外生活の指導の新しい形として、今後の大きな発展の出発点である。

小川太郎の「学童保育」把握の特徴は、教育の場としての「学童保育」を捉える際に、①養護の概念とセットで把握していること、②学校外のすべての子どもの必要性として把握していたことにある。小川は、そこに日本の子どもの人格形成にとって「新しい教育」の可能性を見て次のように述べていた。

「学童保育は親たちがつくったものであり、したがって、その運営と教育に親たちの声が直接に反映するということは、学校教育をふくめて、教育というものが国民のものであり住民のものであるという大原則が貫かれている本来の形として大切に考える必要がある[17]」と。

(4)「教育福祉」「学校外教育」としての学童保育

小川太郎は、日本の子どもにとっての新しい人格形成の場としての「学童保育」に、養護と教育の結合を見ていたが、その内容を〈教育福祉〉という新しい概念で特徴づけようとしたのが、小川利夫である。小川利夫は、一九七二年に出版した編著『教育と福祉の権利』（小川利夫他編、勁草書房）のなかで「教育福祉」の概念を提起した。[18] 小川利夫による〈教育福祉〉概念提起の意義は、学童保育のように教育の側面と福祉の側面を併せ持ち、教育行政と福祉行政の谷間におかれて、行政的支援が不十分だった取り組みに正面から光を当て、その実践的意義を明らかにしたことにあり、「教育福祉」概念の提起は、「学童保育とは何か」を把握するうえで非常に先駆的な視点であったと言える。

また同時期、日本社会教育学会は、一九六〇年代に進行した地域や家庭の環境の変化と教育力の低下に直面して、一九七五年秋から二年間にわたって「子どもの学校外教育」研究を行なった。共同研究『地域の子どもと学校外教育』（『日本の社会教育』第二二集、東洋館出版社、一九七八年）を編集した酒匂一雄は、学童保育運動を地域の教育力を創造する取り組みとして捉え、児童福祉法四〇条の児童館とともに学童保育を「学校外教育実践の現段階」として位置づけ、「教育運動としての学童保育」論を展開していた大塚達男が「日本の学童保育―現状と課題」を書いている。

一九七〇年代には、「教育（運動）としての学童保育」の側面が強調されるとともに、「下校後の子どもたちの生活を保障し、組織（教育）していくのが学童保育の任務だ」とし、「戸外生活教育」（「単に学校教育と家庭教育のうまくつながらない隙間を一時的につなげるための仮修理などというものではなく、むしろ学校教育、家庭教育と比肩する程の性格と内容を持ったものであると考えたい」「ゆくゆくは全児童の下校後の教育（生活）として位置づけるべきだ[19]」）という提案もなされている。

3　子どもの生活・発達と学童保育

(1)　子どもの生活とライフ・バランスの崩れ

①　「学校化」「学習化」する子どもの生活

高度経済成長政策以降の国民生活の変化は、何よりも子どもの遊び時間・空間・仲間のあり方に大きな変化を与えてきた。とりわけ、子どもの生活において学校と教育の影響が比重を増したことがその特徴である。

子どもたちに「ゆとりの時間」が必要だとして二〇〇二年から完全学校五日制が実施されたが、逆に毎日の授業時間数が増加する結果となり、子どもたちを多忙にしてきた。近年「学力低下」が叫ばれるなかで、文部科学省は学力重視へと方向を転換し、子どもたちの生活はさらに多忙化し、より学校・学習中心の生活へと移行しつつある。

二〇〇八年三月に文部科学省が公示した小・中学校の新学習指導要領は、学習内容の高度化と授業時数の大幅な増加を打ちだした。小学一年生は、年間七八二時間の授業を八五〇時間へと六八時間の増加、小学校四年生から六年生は年間九四五時間を九八〇時間へと三五時間の増加となっている。小学一年生でも昼食後まで五時間の授業を行ない、高学年は毎週授業が一時間増加して平日の三日が六時間授業となり、平日の多忙化・土曜休みの減少・長期休暇の短縮などが進んでいる。授業時数の増加とともに、学習内容の高度化、小学校高学年からの外国語教育の導入なども行なわれ、塾通いの増加がさらに進み、遊び時間を減少させている。

遊び時間の減少は子ども自身も感じており、「遊びたい」という子どもの願いは強い。遊ぶことは毎日の生活を楽しくするが、「たくさん遊んだ」といつも思う子どもは二三・一％にとどまり、八五・二％の子どもが「もっと長時間遊びたい」と答えている。そして、「楽しい一日だった」といつもそう思う子どもは一九・一％（わりとそう思う三五・〇％）にとどまっている。「明日もきっといいことがある」と思える子どもは二九・一％しかおらず、そう思えない子どもは五〇・五％にのぼっている。[20]

② 日本の子どものライフ・バランスの歪み

子どもの毎日の幸せと成長にとって、バランスの取れた生活が必要である。成人の生活において「ワーク・ライフ・バランス」の実現が課題となっているように、学習と余暇・遊び・文化と仕事（労働・手伝い）など「子どものライフ・バランス」が不可欠である。

日本においては、親自身の日常生活が長時間労働のために労働生活に過度に傾斜したものになっており、家庭での家事や子育ての時間が少なく、近隣住民との交際の時間がほとんど取れない。そうした親の生活実態と社会の労働環境が、子どもの生活に大きな影響を与えている。子どものライフ・バランスの歪みは子どもたちの疲労感をつのらせている。小学校五、六年生で「もっと長く眠りたい」という子どもは七〇・一％、一日の終わりに「疲れた」と感じる子どもは六三・八％にのぼっている。(21)

(2) 今日の子どもの生活問題

ベテラン指導員は、「学校が早く終わる日は学童保育でのケンカが少ない」という。「疲れたぁ」といってしばらくゴロンと転がっている子、「ムカつく」「うぜえ」とすぐ反抗する子、学童保育に帰ってくる子どもたちの姿は、学校・家庭・地域での子どもの生活の有り様を映す鏡である。

現代日本の子どもの生活の特徴まとめると次の五点を指摘できる。

第一は、子どもたちが、忙しく慌しい時間に追われて、ゆっくり話したり、じっくり考えたり、たっぷり遊び尽くすことができなくなっていることである〔「子どもの時間」問題〕。

第二は、狭められた空間に閉じ込められ、思い切って体と心を動かすことができなくなっていることである〔「子どもの空間」問題〕。

第三は、子ども同士がばらばらにされ、お互いに競いあわされ、傷つけあっていることである〔「子どもの仲間」問題〕。

第四は、子どもの毎日の活動が一つのことに偏り、遊び・スポーツ・学習・メディア接触・仕事のバランスが失われていることである〔「生活の偏り」問題〕。

第五は、与えられた物に支配され、消費的かつ受身的な生活になっていることである〔「受動的生活」問題〕。

国連子どもの権利委員会は、日本の子どもたちが抱えている「疲れとストレス」に目を注ぐべきことを指摘していた。子どもの権利条約の履行に関する第一回目の日本政府報告書の審査後に公表された「懸念・勧告」(一九九八年六月)には、日本が「教育を重要視し、その結果極めて高い識字率を誇っているにもかかわらず、……きわめて競争的な教育制度が与えるストレスにさらされているため子どもが発達上の障害(disordar)にさらされていること[22]」への警告が発せられている。しかしその後、この事態は改善されていないばかりか、学校教育をめぐる今日の状況は、国連子どもの権利委員会の懸念と勧告とは逆の方向に進んでいる。

「ゆとり教育」から「脱ゆとり、『学力』重視」へ、「完全学校五日制」から「学校五日制」の解体へ、わずか一〇年単位でゆれ続ける教育政策によって、子どもの学校生活と放課後生活は攪乱されている。そうしたなかにあって、さまざまな影響を受けつつも学童保育の場は、子どもの安心・安定した成長発達に向けてのライフ・バランスを確保するうえで、重要な役割を果たしている。

(3) 学童保育実践が創り出す子どもの活動

全国各地の学童保育の実践に注目してみると、そこには共通する特徴が見られる。その特徴は多様で総合的な活動が展開されていること、自治的・集団的な活動が目指されていることである。そ

の内容を類型化すると次のようになる。(23)

①　低学年から高学年まで一緒に〈遊ぶ活動〉

②　手を使い道具を使って〈作る活動〉

③　自分たちで作って〈食べる活動〉

④　植物を栽培し昆虫や動物を〈育てる活動〉

⑤　わからないことを〈調べ・学ぶ活動〉

⑥　紙芝居や映画・演劇などの作品を〈観る活動〉

⑦　絵や音楽、劇などに取り組む〈表現する活動〉

⑧　けん玉・縄跳び、こま回しなど新しい技に〈挑戦する活動〉

⑨　行事などを計画し〈集いあう活動〉

⑩　まつりや取り組み内容や発生した問題について〈話し合う活動〉

⑪　自分たちの取り組みを〈とりしきる活動〉

⑫　取り組みを通じて〈人の役に立つ活動〉

ライフ・バランスのゆがみが進行していくなかで、親がどんなに配慮しても一軒の家庭だけでは、子どもに多様な生活活動体験を保障するのは不可能である。また、特に重視したいのは、子どもの集団的活動と自治的取り組みである。兄弟姉妹の数が少なくなり、地域の子どもの仲間集団が失われているなかで、学童保育は、子どもたちが人間関係を学び合い集団性・社会性を身につけていくうえでも重要な役割を果たしている。

4　学童保育が生み出す新しい子育て文化の創造

(1)　地域子育ち文化の創造

学童保育の生活づくりは、子どもの権利条約の精神を貫き、子ども主体であること、子どもが主人公となって取り組むことが追求されている。[24]

今日の「子育て支援」政策が、乳幼児期支援にかたより、学童期の子育て支援のあり方が未解明ななかで、学童保育実践は「子育て支援」にとどまらず、子どもたち自身がお互いに育てあう「子育ち支援」の場となっている。学童保育の特徴は、学校や塾のように学年や発達段階にそったクラス分けが厳密ではなく、異年齢の交わりが生まれる異年齢集団を大切にしているということにある。現在、少子化の進行にともない、地域子ども集団が失なわれてきているときだけに、かつての地域にあった「ガキ大将集団」がもっていた相互教育力が生かされた場といえる。

今後は、学童保育のなかだけでなく「地域の子育ち文化」創造の課題と統合する必要がある。かつて「学童保育無用論」が提起していた論点の一つであった「地域での生活体験・子ども集団」とのかかわりの必要性は、学童保育の発展にとって、無視してはならない課題である。[25]

(2) 地域〈共働〉による新しい子育て文化の創造

学童保育は、親が安心して働く権利と子どもたちがのびのびと育つ権利を両立する取り組みとして誕生し、働く親たちの困難を集団的・社会的に解決することを目指してきた。子どもたちに直接かかわる指導員とともに、課題を共有し、協同することにより子育ての困難を解決することに取り組んできた。父母・指導員・市民の運動のなかから生み出された〈協同の子育て〉のエネルギーが、無縁化が進む現代社会のなかに、新しい子育て文化を生み出してきた。それは、共働き家族を核とする新しい福祉社会の創造、共同・協同の子育てとコミュニティづくりにつながる道である。

子育ての責任は、家庭と社会が共に負わなければならない責務である。学童保育運動は、この〈共に〉の内容を多面的に創造し続けているといえよう。

〈共〉の第一の意味は、「地域共同の子育て」の探求である。近代化と産業化社会の到来によって子育ての共同が衰弱し失われて久しくなった。家庭の子育てを超えて、地域(社会)ぐるみで子どもを見守り育てあっていくという機能の再生が求められている。さらに地域共同の子育ての土台には、暮らしを支えあう地域共同体の営みがあった。地域社会の「空洞化」「無縁化」が進むなかで、今日求められているのは地域住民の絆・つながりであり、生活の〈共同〉である。学童保育の取り組みは、新しい地域社会づくり、まちづくりと密接不可分に結びついている。

〈共〉の第二の意味は、「子育て」の営みを構成する重要な内容である、「教育」と「養育」と

「遊育」の三つを切り離すことなく総合的にとらえるという視点〈共育〉である。子どもを健やかに育てるうえで、家庭・学校・地域の三者の連携・協力・共同が欠かせないことは言うまでもない。しかし、日本の近代化と産業化は、子どもを育てる力と場所を「学校教育」に収斂し、「(学校)教育」の比重と価値を肥大化させてきた。そして今もなおそれは続いている。そもそも「子育て」の用語の登場は一九六〇年代の後半からであるが、「教育」の用語とともに、あるいはそれに替わって「子育て」の用語がひんぱんに使われるようになってきた背景には、「学校」と「教育」の肥大化と歪みへの批判、子どもの発達の場を学校教育に収斂させてしまう社会意識への批判があったからである。[26] 子どもを育てる場所と営みは、決して「学校」と「教育」だけではない。まずもって「家庭」における共同生活、食事・睡眠・会話・団欒が持つ日々の暮らしがもつ基礎的な「養育」力が重視されねばならない。また「地域」における子ども同士の遊びや異世代との交流、諸活動を通じての育ちあいの力(「遊育」)も見失ってはならない。指導員や子育て支援者の役割は、三つの育をコーディネートして〈共育〉の力を高める環境づくりにある。[27]

〈共〉の第三の意味は、今日、子どもたち自身の育ち合いとその主体性に注目して「子育ち」の用語が登場していることに見られるように、子育ての当事者は、「子育ち」の主体である子ども自身であり、子育てに第一義的に責任を持つ親である。「子育て」という営みは、文字どおり「子どもを育てること」であり、育てる主体は親であるが、子どもたち自身が自ら育ち合うという側面を見失わないようにしたい。学童保育は、「子どもたちが育ち合う」ことへの支援とともに、親自身が子育てを通じて育つ・育てられるという側面に注目しておく必要がある。学童保育における「子育て」は、子育ての請負いでも代理支援でもない。育つ主体・育てる主体である子どもと親自身の主体性を尊重し、当事者の育ちを支えていく取り組みである。

「子どもを育てる」という取り組みを通して、「子どもたちが育てあう」「子どもたちに（親が）育てられる」「指導員が育てられる」という三つの側面を〈共有〉していることが必要である。

〈共〉の第四の意味は、子育ての取り組みを家庭の役割として親の責任のみが強調されたり、社会の責任として子育て支援事業にお任せになったりするのではなく、子育ては家庭と社会が共に責任をもって取り組む公共的な仕事であり、公共のひろばづくりであることを明確にすることが必要である。学童保育の取り組みは、自治体によって保障されるだけでなく、子育ての当事者である親自身の父母会や住民の協力によって準備・運営され、子育てに悩む多くの親が自由に参加し交流し学びあえる拠点となる必要がある。学童保育は、新しい〈公共〉のひろば創造の取りくみでもある。

〈共〉の第五の意味は、障害を持った子どもや不登校の子ども、外国人の子どもなど、個別のニーズと異文化に属する人々が、互いに違いを認め、対等な関係を築きながら共に生きていく共生社会の実現をめざすという視点が求められる。学童保育が生み出す子育て文化は、〈共生〉社会実現に寄与することを目指すものである。

以上、共同・共育・共有・公共・共生に注目し、それらの内容を地域社会のなかで共に実現していく取り組みを〈共働〉の営みととらえるならば、学童保育の理念を「地域〈共働〉による子育て文化の創造」と特徴づけることができよう。

5 「子どもの放課後」研究と学童保育――海外の取り組みに学ぶ

これまで、海外の「学童保育の状況」については、その実態が部分的に紹介されるにとどまっていた。たとえば、大月書店の全五巻からなる「シリーズ学童保育」の第五巻（『希望としての学童保育』、一九九九年）には、「各国の学童保育と放課後の子どもたち」として、フランス、ドイツ、スウェーデン、アメリカの学童保育のレポートが収録されている。また汐見稔幸編著『世界に学ぼう！ 子育て支援』（フレーベル館、二〇〇三年）などにもデンマーク、スウェーデン、フランス、ニュージーランド、カナダ、アメリカの事例がスケッチされている。そうしたなかで、池本美香編著『子どもの放課後を考える――諸外国との比較でみる学童保育問題』（勁草書房、二〇〇九年）は、はじめて本格的に諸外国の「子どもの放課後対策」と「学童保育」に光を当てたものとして、注目しておきたい。

池本の編著書は、各国を担当した筆者によって報告の視点に違いがあるものの、従来の紹介を超えて、フランス、ドイツ、スウェーデン、フィンランド、イギリス、アメリカ、オーストラリア、韓国など、欧米、オセアニア、アジアに広く目配りがなされている。

ところで、文化的・政治的・歴史的背景の違いを考慮しつつ、諸外国の実態・実践から学ぶ場合、どのような視点が必要か、何に注目するかを問うた場合、次の五つの点があると思われる。第一は、どのような法制度・政策があるか。第二は、行政の関与について、主管官庁はどこか。第三は、実践の質の確保、職員・指導者の位置づけ・処遇はどのようになっているか。第四に、当事者の参加や関与、市民レベルの取り組みはどのように位置づいているか。そして第五に、以上がどのような理念に支えられて展開しているのか、である。

ここでは、紙幅の関係で第五の理念問題に注目してみると、海外諸国の「子どもの放課後対策」理念形成の特徴は、〈教育〉〈福祉〉〈余暇〉概念の位置づけにより、次の三つの流れがあるように思われる。

ひとつの流れは、教育活動にひきつけた放課後対策の構想である。イギリスのように学校教育に比重をおいて学校の拡大、学習支援、学校外教育にシフトするタイプである【学校外教育・不定型教育タイプ】。

ふたつ目は、北欧諸国のように、教育を社会保障の中核に位置づけ、教育と保育（福祉）を統合する新しい理念形成をめざすタイプである【教育福祉タイプ】。

もうひとつの流れは、余暇活動にひきつけての放課後対策の構想である。フランスなどでは余暇支援および文化活動が子どもの生活の充実と成長発達に果たす役割を重視し、アニマシオンの原理に注目している【余暇・文化タイプ】。

わが国における「子どもの放課後対策」を振りかえった場合、「放課後の子ども」に対する行政的施策の歴史は浅く、長い間放置されていた。福祉と教育の行政的分断もあり、トータルな施策はつくられなかった。二〇〇七年から開始された「放課後子どもプラン」が、はじめての本格的な放課後政策といえよう。そこでは、「放課後児童健全育成事業＝学童保育」（厚生労働省）と「放課後子ども教室」（文部科学省）との「一体的あるいは連携」が掲げられているが、放課後の子どもの居場所として学校（「放課後子ども教室」）を活用しようというもので、「子どもの放課後対策」の理念や原理が深められているとはいえない。また、最近の政策を見ても、子どもの放課後生活支援にかかわる「地域」の位置づけに関して、文科省の「学校支援地域本部事業」（二〇〇八年―）と厚労省の「地域子育て支援拠点事業」（二〇〇九年―）のベクトルは噛合わない。

日本の「子どもの放課後」の充実に向けて、諸外国の動向から学んで、その理念を深めていく場合、池本が提起するように、わが国でも、福祉と教育を統合した新しい理念・概念（「教育福祉」）の探求が求められている。

かつて、一九七〇年代の初頭、わが国でも「教育福祉」の概念が提起されたことがあるが（前掲『教育と福祉の権利』勁草書房、一九七二年、小川利夫・土井洋一編『教育と福祉の理論』一粒社、一九七八年、小川利夫『教育福祉の基本問題』勁草書房、一九八五年など）、子どもの放課後、学童保育をめぐる今日的課題との関連で、この概念を継承・発展させる必要がある。同じく七〇年代には、子どもの放課後を「学校外教育」の概念で捉える研究（前掲『地域の子どもと学校外教育』東洋館出版社、一九七八年、吉田昇編『学校外教育』亜紀書房、一九七九年、田中治彦『学校外教育論』学陽書房、一九八八年）がなされたが、学校教育の比重が高く、行政的関与が強い日本では、教育にひきつけた構想は子どもの放課後生活に教育主義化をもたらす可能性が高く、「学校外教育」という用語の使用には注意を要する。わが国では、子どもの放課後を余暇・文化活動支援としてとらえる視点が弱いが、子どもの主体性と子ども文化を重視した「子どもの放課後」の独自性を明らかにするためには、余暇・文化概念の検討は必要不可欠な視点であろう。(28)

さらに付け加えるならば、学童保育を含む「子どもの放課後」研究を進めるうえで、「福祉文化」概念との関連(一番ヶ瀬康子著『福祉文化へのアプローチ』ドメス出版、一九九七年、一番ヶ瀬康子他編『子どもと福祉文化』明石書店、二〇〇四年)や、「子どもの生活圏」(一番ヶ瀬康子他編『子どもの生活圏』NHKブックス、一九六九年)、「子どものシビル・ミニマム」構想(一番ヶ瀬康子・寺脇隆夫他編『子どものシビル・ミニマム―視点と生活実態』弘文堂、一九七九年)の検討も必要である。また、子どもの権利条約三一条の視点とともに、ユニセフの国際戦略「子どもにやさしいまちづくり」(喜多明人他編『子どもにやさしいまちづくり』日本評論社、二〇〇四年)など、子どもの権利保障、コミュニティ形成問題との関連を検討する必要もある。

日本の学童保育は、親が安心して働けるための、安全な子どもの放課後の生活の場づくりとして、児童福祉法に依拠しつつ発展してきたが、その内容と性格は決して〈福祉〉の枠に留まらない。学童保育は、①安心した居場所として―保育機能(ケア)、②ゆっくりした自由時間を過ごす―余暇・文化機能(アニマシオン)、③さまざまな豊かな体験(スポーツ・芸術・自然体験)と学びの保障―教育機能(エデュケーション)という三つの機能を併せ持つ施設である。学童保育は、福祉・教育・文化の統合によって子どもの人間形成を豊かにする実践的可能性を持った取り組みである。そして同時に、新しい子育て共働の力を生み出し、「子どもの生活圏」の充実と「子どもにやさしいまちづくり」の推進を進めていく取り組みである。

おわりに――学童保育からのメッセージ

最後に、学童保育が発する「問い直しの課題」を指摘しておきたい。

その第一は、そもそも「学校とは何か、教育とは何か」を問い直す課題である。いま日本の学校が、本来そこに必要な福祉・ケアの機能が削ぎ落とされ、狭く・歪んだ「教育」の場になっているという現実のなかで、「学校教育の中における福祉・ケアの機能」の側面に光を当てる必要性が高まっている。すでに触れたように、かつて小川利夫が「教育福祉」概念を提起したが、それは「社会福祉とりわけ児童福祉サービスの中で曖昧にされ放置され、結果として軽視・剝奪されている子ども・青年、成人の学習・教育権保障」にあった。小川の指摘は、同時に返す刀で「学校教育の中における福祉機能」の側面に光を当てる必要があるということを示唆していた。「教育とりわけ学校教育の中で曖昧にされ放置され、結果として軽視・剝奪されている子どもの福祉・生存権・生活権保障」の解明が求められているのではないか。学童保育実践は、学校教育が見失っている福祉・ケアの機能の重要性を教えている。

第二は、「学び」の質、「学びのあり方」の問い直しを求めている。学童保育のなかでの学びは、異年齢のなかでの学びであり、異世代のなかでの学びであり、生活・暮らしを通しての学びである。ユネスコ21世紀教育国際委員会の『学習―秘められた宝』（一九九七年）は、「学習の四本柱」として、①知ることを学ぶ、②為すことを学ぶ、③共に生きることを学ぶ、④人間として生きることを学ぶ、を掲げ「『学校教育制度は、知識の獲得を重視するあまり、②から④の柱を犠牲にしてしまう嫌いがある』ので包括的な教育のあり方を考えることが肝要、将来の教育（その内容も方法も）改革して政策を立案しなければならない[29]」としていたが、学童保育における学びが②から④を重視していることの意義に注目しておきたい。

第三は、学童保育発のメッセージとして「子どもの放課後」のあり方・展望についてである。学童保育が、福祉・教育・文化の三つの機能をもつ総合的施設であることを大切にしながらも、学童保育だけを充実・発展させていけばよいのだろうか。学童保育だけでなく、子どもを対象にした多様な放課後活動・施設づくりをすすめ、それらと連携して「すべての子どもの放課後生活を豊かにしていく」方向が目指されるべきであろう。

「子どもの生活圏」「子どものシビルミニマム」の視点を受け継ぎつつ、「子どもという特定の年齢階層にかかわる、〈生活権〉の保障基準」を明らかにすること（①基礎生活圏五〇〇平方メートル圏域における生活権保障）、②権利主体としての子どもの目線（参加民主主義）の重視、③地域の子どもの遊び場、遊び空間、児童館、図書館・文庫、子どもの劇場、スポーツ施設など〈子どもの生活環境総点検〉の視点、「子どもにやさしいまちづくり」の視点を取り込むことが求められている。

子どもの放課後施設・環境が整っていないなかで選択されている方向だろうが、「学童保育の対象年齢の引き上げ」でよいのか、ニーズがある場合に選択肢として間口を広げることは必要だが、子どもの放課後生活の囲い込みにならないかの心配がある。環境の整備と施設づくりを充実させ、多様な放課後活動を子ども自身が選択できるようにすることが必要だと思う。

学童保育の実践と運動は、現代日本社会における無縁化の進行に対して、父母、指導員、市民の協同による新しい子育てを通じて、コミュニティにおけるさまざまな縁を紡ぎ出す可能性とエネルギーを持っている。

(1) NHK「無縁社会プロジェクト」取材班編著『無縁社会―〝無縁死〟三万二千人の衝撃』文藝春秋、二〇一〇年一一月。
(2) 石川結貴『子どもの無縁社会』中公新書ラクレ、二〇一一年一二月。
(3) 大塚達男・西元昭夫編著『あめんぼクラブの子どもたち―学童保育の指導と運動』鳩の森書房、一九七〇年九月、一三二頁。
(4) 全国学童保育連絡協議会、二〇〇七年調査結果。
(5) 『東京帝国大学セツルメント十二年史』東京帝国大学セツルメント発行、一九三七年二月、一〇六―一一〇頁。
(6) 『児童福祉白書』(厚生省児童局編)一九六三年五月、三六頁。
(7) 『子ども白書』(日本子どもを守る会編)創刊号、一九六四年五月、二〇―二二頁。
(8) 『学童保育情報2012―2013』全国学童保育連絡協議会二〇一二年一〇月。

（9）石原剛志「学童保育とは何か」小川利夫・高橋正教編著『教育福祉論入門』光生館、二〇〇一年一月、一七四—一九四頁。
（10）石原、前掲論文、一八四頁。
（11）同右、一九〇頁。
（12）前掲『子ども白書』創刊号、二二頁。
（13）『子ども白書』一九六八年版、一九〇頁。
（14）前掲『あめんぼクラブの子どもたち—学童保育の指導と運動』九頁。
（15）同右、九頁。
（16）中村雅子『昼間のきょうだい—明神台学童保育の実践』鳩の森書房、一九七三年五月、二—四頁。
（17）同右、八頁。
（18）小川利夫「児童観と教育の再構成—『教育福祉』問題と教育法学」小川利夫・永井憲一・平原春好編『教育と福祉の権利』勁草書房、一九七二年一一月。
（19）『子ども白書』一九六七年版、一五五頁。
（20）日本子ども社会学会「子どもの放課後全国調査」二〇〇四年（一・二月、九〜一一月、小学五年生三二二六人、六年生二七九三人が対象）、深谷昌志他編『いま、子どもの放課後はどうなっているのか』北大路書房、二〇〇六年五月、四八頁。
（21）同右、四八頁。
（22）『子ども白書』一九九八年版、三一四—三一九頁。
（23）下記実践記録等を参照した。公文昭夫・今城ひろみ『学童保育物語』（労働旬報社、一九六六年）、前掲『あめんぼクラブの子どもたち』、前掲『昼間のきょうだい』、大塚達男・西元昭夫著『学童保育―子どもにいきいきとした放課後を』（新日本新書、一九七五年）、全国学童保育連絡協議会編『学童保育のすべてⅡあそびで育つ子どもたち』（一声社、一九七六年）、同前編『学童保育のすべてⅢ生活を創る子どもたち』（一声社、一九七六年）、「がくどうっ子たち」編集委員会『がくどうっ子たち―今熊野学童保育所と地域の運動の記録Ⅴ』（汐文社、一九七四年）、上田融『ガス橋のうた―平間学童クラブ動物村物語』（民衆社、一九八〇年）、『おもいやりと夢を育てる』（三橋登志枝、一声社、一九八一年）、大阪保育研究所『燃える放課後―主体的努力を育てる学童保育の実践』（あゆみ出版、一九八二年）、川合章・大塚達男編『いきいきとした放課後を』筑摩書房、一九八六年）、倉田新『ぼくらの学童保育がなくなる―上福岡市のたたかい』（新日本出版社、一九八八年）、大阪保育研究所編『学童保育の生活と指導』（一声社、一九九三年）、『児童館・学童保育と子育ち支援』（21世紀の児童館・学童保育1、萌文社、一九九四年）。

(24) 全国学童保育研究集会分科会記録集「子どもの権利を学ぶ」の項参照。

(25) 大阪府堺市で公立公営の学童保育所が廃止されるその理由として、本来子どもは、「地域での生活体験・子ども集団の中で育つべきもの」とし、学童保育の公的保障要求に対して、次のような批判が加えられた（『子ども白書』一九八八年版、八〇頁）。

①「一部の子ども論・不公平論」（留守家庭児童たちだけへのサービスは不公平である）

②「受益者負担論」（受益者は自らが負担すべきであり、経費を行政に求めるのは間違いである）

③「親のニーズ優先論」（親の都合で子どもを預けている、子どものニーズが無視されている）

④「施設内囲い込み論」（「地域社会の生活体験」が必要なのに小学校低学年の時期を限られた空間に長時間拘束するのは、子どもの成長発達によくない）

⑤「地域健全育成論」（子どもが自主的に生活を作り、危険から身を守り、生活していけるようにするべき、それは

「社会における集団（子ども会）」への参加によって可能となる）

(26) 大田堯『戦後日本教育史』岩波書店、一九七八年、同著「子育てとは何か」『教育』一九八三年三月号。

(27) 拙著『子育て支援のフィロソフィア』自治体研究社、二〇〇九年二月、七一―八二頁。

(28) 拙著『子ども研究と社会教育』青木書店、一九八九年、『余暇・文化の権利と子どもの自由世界』青踏社、二〇〇四年参照。

(29) 社会教育推進全国協議会編『社会教育・生涯学習ハンドブック』第七版、エイデル研究所、二〇〇五年、一三九頁。

第3章　地域社会発展への学童保育実践の展望

宮崎隆志

1　学童保育と地域社会

学童保育と地域社会の発展との関連について言及した文献は、それほど多くない。(1)学童保育実践は地域社会のニーズに基づき成立しているものの、保育実践自体は通常は、何らかの施設を基盤になされるため、保育の現場に子どもの生活問題として持ち込まれる学校や家庭（さらには親の就労状況）の問題への対応が課題化されることはあっても、地域社会との緊密な関係形成はまだしも地域社会そのものへの働きかけは、必ずしも主要な課題とは成り難い。同じく施設内の実践が主である学校が、地域社会のすべての子どもたちに関わるために、地域社会の活性化を図る実践の媒介項たりえることとは対照的である。

では、学童保育にとって地域社会は視野の外に置いてよい契機なのであろうか。学童保育が地域の財産となっているいくつかの事例を見る限り[2]、そうとは言えない。とすると、相互の関連性はどのように見通されるか。ここでは、学童保育と地域社会の関連を考えるための論点を提起することに課題を限定し、地域社会発展にとっての学童保育の意義、あるいは地域社会発展を射程に入れた学童保育実践の展望について試論的に検討しておくことにする。

2　分岐点に立つ地域社会

(1)　貧困・社会的排除と地域社会

格差・貧困が社会問題になった近年における社会的関心の一つは「子どもの貧困」である。すでに、日本の子どもの貧困率が一三・七％（二〇〇四年）と報じられ、特に若年世帯、つまり子どもの年齢が低いほどその率が高まることも確認されている[3]。学童保育の現場からも、このような状況が伝えられている[4]。貧困率は世帯所得を基準にして算出されており、貧困現象の一側面を示すが、そのすべてを表わすものではない。この数字の背後には、雇用の不安定化・労働基本権の侵害や失業、教育機会の喪失や健康の破壊、さらには家族の崩壊等々のさまざまな社会問題が重なり合って存在している。このような社会関係の質や特定の人々を貧困に追いやる過程に光を当てる概念として、近年では、社会的排除という用語がしばしば使用されるようになった。[5] 貧困と社会的排除の区別と関連については注5の岩田の文献に詳しいが、ここでは社会的排除を「社会関係からの閉め出し」（岩田）という包括的意味合いに即して用いることにしよう。

ここで社会的排除概念を使うのは、日常用語としての貧困概念が、しばしば個人に焦点をあてた理解になりがちなためである。ここでは、個々の貧困問題に加えて、地域社会そのものの問題性、つまり地域社会において強まる排除性に着目したい。現代では、地域社会における子どもをめぐる排除性は次の三点に即して考えられる。

第一は、子どもの経験の変容と階層的分断である。塾や習い事の増加によって子どもが多忙化していることはもはや周知のことであるが、それらによって子どもの生活世界の中ではプログラム化された領域が支配的になった。同時にそれらが費用負担を伴うために、親の「経済資本」格差が子どもの文化的経験の格差に結び付き易くなっている。[6] 子ども集団は、同一地域にあっても個々の親の経済的格差によって分断されてしまう。このようなプログラム化と分断によって、子どもたちによる「内発的な世界形成」の余地が縮小しているのが現状であろう。自由な社会関係からの閉め出しという意味で、このような傾向も社会的排除に含めてよいと考えられる。

第二は、地域空間の分裂・分断にもとづく空間的排除である。[7]「都心回帰」や「コンパクトシティ」の名の下に、都市部の相対的な低地価地区の再開発が進められ、たとえばアパート群が一掃されて高層マンションやショッピングモールが建設されている。マンションを購入できる層は一定の所得階層以上の世帯であるため、結果的に地域（地区）間の階層格差、すなわち高所得層地域と低所得層地域間に、差異化と分断が強まる傾向がある。

第三は、ゼロ・トレランス（寛容性ゼロ）傾向の強まりである。ロイック・ヴァカンは、アメリカの刑務所の拡張政策に並行して現われた収監される人々の「人種の不均衡」が、貧困者の排除・隔離と監視政策の現われであると指摘し、現状ではまだ穏健なかたちで進行しているヨーロッパの貧困層監視政策を含めて、ゼロ・トレランス傾向の世界的な顕在化を指摘している。(8) 日本でも社会秩序の乱れに対する不安感にあわせて治安の維持・安全保障要求が高まり、自治体政策の柱にもなりつつある。(9)

この延長線上に、「正常」や「普通」な状態から「逸脱」したとみなされる者を医療の対象とし、社会から隔離する傾向も現われている。児童精神科医の青木省三は、このような現象を「時代が締め出すこころ」と表現した。(10)「不正常」を病気や障がいととらえる認識は、一方では特定の状況にある個人に対する道徳的非難を緩和させるが、他方では問題の社会的性格を捨象したり、軽視するバイアスをはらみ、ともすれば当該個人に対する医療的社会的監視を強める結果を招きかねない。この傾向が、現在でも再生産されている。(11)

グローバリゼーションの進行の下で、このような事態が生じているとすれば、市場の合理性が地域社会を再編しつつあるのが、現在と見てよいであろう。

(2) 地域におけるケイパビリティの質

各種の社会的排除性の強まりは、仮に生活のための基本財があったとしても、各自がそれを実際に生活の充実のために活用できるか否かは、きわめて偶然的にならざるをえないことを示している。たとえば、公共財（たとえば公園や社会福祉に関わる諸制度等）があっても利用方法が厳しく制限される場合や、遠隔地にあってその利用が制限され、いわば空間的に排除される場合、あるいは私有財が豊かであっても、子どもが自由に活用・編成できる時間や空間が限定されてしまっている場合は、諸個人が望ましいと思う人生を自由に選択できる状況にあるとは言えないであろう。より直接的に障がい等の理由によって、社会関係を自由に編成することが制限される状況では、充実した生活が実現しているとは到底言えない。

このように見れば、社会的排除はケイパビリティの欠如と関連づけて理解することが可能であるし、必要になる。A・センによれば、ケイパビリティとは「人が行うことのできる様々な機能の組み合わせ」であり、「様々なタイプの生活を送るという個人の自由を反映した機能のベクトルの集合」である。[12] ここでいう「機能」とは、たとえば適切な栄養を得る、社会生活に参加するなどのように、「ある状態になったり、何かをすること」であるとされ、生活は相互に関連した機能の集合から成り立つとされている。このような見方にたてば、各人が望ましいと思う人生を生きる自由は、ケイパビリティが低い場合には保障されていないことになる。経済的な制約はもとより何らかの理由で就労や政治的な意思決定への参加が制限されている場合も、「機能」の組み合わせは限定され、最悪の場合には選択も創造もできない状況に追い込まれる。それが一般に言われる際の「貧困」にほかならないが、そのような状態は人間の主体性、すなわち人間の尊厳を否定することに等しい。

バラとラペールは、このような問題設定の必要性に関するセン自身の指摘(「社会的排除はケイパビリティのさまざまな失敗の間接的な原因になりうるだけでなく、そもそもケイパビリティの剝奪それ自体の一部となりうる」)を踏まえて、「問題は彼らがどのような状態に置かれているかにあるだけではなく、彼らが何をすることができるか、あるいは本来は何をすることができたかにある」[13]と指摘している。同じくケイパビリティ概念の重要性を提起したヌスバウムは、ケイパビリティを基礎的ケイパビリティ(生来の資質)・内的ケイパビリティ(個人に関わる状況:個人的次元のケイパビリティ)・結合ケイパビリティ(内的ケイパビリティが機能を発揮するための外的条件)に区分しているが[14]、社会的排除との関連で考えれば、ヌスバウムのいうところの結合ケイパビリティを基軸においてケイパビリティの特質を把握することが必要になる。すなわち、個人の可能性とそれを現実化する条件は社会的に規定されているという視点を堅持することが必要であり、そこから逆に個人の可能性を顕在化させ得るような地域社会の諸関係の質を問い返すことが可能になるわけである。人間発達を保障するようなケイパビリティ(発達的ケイパビリティ)として、ケイパビリティを価値的に問うことも必要になるであろう。

3　地域社会の発展方向

(1)　3・11後のコミュニティ再生への模索

人間発達という価値をケイパビリティ概念に組み込むことは、善き生に関する多様な選択を制約するように思われるかもしれない。形式的にはそのような議論も成り立つが、そもそもケイパビリティには可能性を現実化するという発達的契機が含まれているし、世界を創造する人間の主体性(agency)も前提にされている。さらに、現代の社会的排除が市場的合理性に根拠をもつとすれば、それに代わる合理性を積極的に対置することなしに、ケイパビリティの回復や発展は見通せない。

そのような問題構造が凝集的に現われているのが、東日本大震災後の地域の復興過程である。今回の震災では、原発問題に象徴されるように、従来の経済合理性に傾斜した地域社会のありかたそのものへの問い返しがなされ、「つながり」や「絆」という見失われていた環が意識化された。極限的な状況の経験を経て、人間の生存を根源的に支える契機が浮上した結果と見てよいであろう。

たとえば労働者協同組合は独自に復興支援本部を設置し、仕事起こしを中心とした地域づくりの支援を展開しているが、その一つの岩手県大槌町では、被災を契機にそれまでの地域社会や自分たちのあり方・生き方の見つめなおしがなされ、自然との共生と人々の協働を基軸にした新たな地域社会づくりが模索され始めているという。なかにはそれまでの大企業勤務を辞めてこの動きに合流した人もいる。このような価値観の転換に基づく新たな世界の構築への兆しは、多くの地域で生じている。[15]

このような問い返しは教育・学校のあり方、つまり子どもが育つ場のあり方にまで及んでいる。佐貫浩は、困難と向き合う被災地の教師が「いままで成績で子どもを見ていた自分の目に、『子どもは地域の宝』として感じられる感覚が戻ってきた」と述べていたことを紹介しつつ、「新自由主義社会の競争に向けて子どもをきびしく管理していた学校が、いのちを守りあう場に変わったとき、そこに日ごろ教師たちが求めていた本物の学校が出現し、そのなかで子どもと心を通じあうことができるいままでと異質の『安心と共感の空間としての学校』が開かれたという感覚と手応えを多くの教師が抱いた」と指摘している。[16]

(2) 子どもの声を聴くことの意味

震災後に見られた問い返しは、日常の生活が市場・資本を基盤にした合理性と人間的生存の合理性の二重性から成り立っているという現実性に起因している。つまり、根拠のない「青い鳥」を探し求めているものでは決してなく、実際に存在しながらも経済的合理性に従属していた要素を復権させるものとして、リアルな思想と世界を生み出している。

このような思想と世界の形成は、近代教育学の基本課題であった。田中孝彦は堀尾輝久と大江健三郎の指摘を紹介しつつ、「おとなの生活、学問・文化、教育、それらを含んだ社会のありようを問い直しながら生きていくための基本的な方法として、自分の内部に『子ども』を住まわせようとし続けてきた思想として、大江の文学と堀尾の教育学に共通なものがある」という。子どもをおとなの側からの「理解」の対象としてのみみなしがちになる傾向に対し、同時代の社会の中で葛藤する子どもの側の視点を据える堀尾と、「自分の発する言葉が、現実との真のかかわり合いに深く根ざして発せられているか?」と問い、「言葉の荒廃」からの回復の可能性を「子どもの言葉」に見出す大江の共通性である。田中はそれを「子ども思想」と呼び、「私たちが具体的で本質的な生活意識と歴史意識を私たちの内部に培っていく、基本的な思想の方法ではないか」と問いかけている。[17]

この思想のリアリティは、子どもの自己形成はおとなが作った社会の中で進むという紛れもない事実に立脚するときにのみ保障される。おとなと同質の矛盾を抱えながら、それを自己形成の課題と重ね合わせ、かつおとなとは異なる解決を模索しようとする「子ども」であるが故にもたらされるリアリティと言い換えてもよい。「現実との真のかかわり」の回路は、このリアリティによって開かれる。このような質の問い返しが、経済合理性が支配的な極となった日常性の限界を明らかにし克服の課題を見出すような生活意識と歴史意識を形成する。

(3) ともに紡がれる言葉

とはいえ、おとながそうであるのと同様に、子どもは葛藤を含めた自己を語る言葉を最初からもっているわけではない。そもそも発達途上にある子どもにとって、そのような言葉の獲得はおとな以上に困難であるが、ましてや紋切型の空虚な言葉がさまざまなメディアを通して横行する日常を過ごす子どもたちにとって、自己を語る「子どもの言葉」を獲得することは容易なことではない。ともすれば経済合理性に貫徹された「おとなの言葉」で自らを語る場合も決して少なくない。

宮原誠一はそのような傾向を「言語生活の真空化」と呼び、その対極にある「いきいきとした言語」を取り戻すためには、「教育的要素の充実した生活経験を、現代的水準において子どもがそこでもちうるような、そういう特別な環境」を居住地ごとに作り出す必要性をいち早く提起していた。(18)この指摘は保育園・幼稚園と関わってなされたものであるが、学童保育にも通じるであろう。

この指摘を敷衍するためには、「特別な環境」の内容を問うことが必要になる。小論の文脈に即して述べれば、経済的合理性が優位に立って構成される世界や地域社会と対峙し、葛藤を含んだ自分を表現できる言葉を育み、それが獲得される環境とは何かを考える必要がある。この問題はそう簡単ではない。なぜならおとなも、そのような言葉を失う状況にあるとすれば、第一に、その状況を対象化（＝言語化）できるような言葉とその獲得の方途はおとなもわかっていないからである。原子力発電の問題を出すまでもなく、今日の複雑化した日常においては、おとなが「正解」を知っているとはとても言えない。第二に、それにも関わらず、自らの日常の空虚さを押し隠して子どもに提供される「特別な環境」の空々しさは、たちまち子どもによって見抜かれてしまうからである。

おそらく「特別な環境」は、子どもとおとながお互いの声を聴きあい、生き生きとした言葉を共に紡ぎ出す実践過程を通して、徐々に姿を現わし、具体化されていくものであろう。学童保育における保育実践の意味はここにある。[19] 子どもの生活世界に浸透した時代の圧力を感じ取りながら、子どもの生きづらさとおとなとしての指導員の生きづらさを重ねて理解し、それらを表現する言葉を共に紡ぎ出す実践が、学童保育における保育実践である。そして実践記録の作成とその検討は、その言葉の意味を深め、より広範に共有する努力を積み重ねる営みと言ってよい。ここに子どもとおとなの双方の発達保障の論理を見出すことができるであろう。そのような論理を、地域社会の中に埋め込むことが、現代の地域づくりの課題といってよい。

4　学童保育実践と地域づくり

(1)　地域の発達的ケイパビリティを高めるために

以上のように考えれば、学童保育は分岐点に立つ地域社会に対して重要な働きかけをなしうる位置にあるといえる。子どもの声を聴きとる実践、あるいは子どもと対話する実践は、学校でも、さまざまな教育・福祉に関わる施設でも試みられている。それら他施設に比した学童保育の特質は、制度的制約が相対的に緩やかであること（制度整備の遅れという面とは相対的に区別される自由度）、および子どもの生活の中での実践、つまり日常を構成する実践であることにある。学童保育所には子どもたちの日常の生活が、そのまま持ち込まれる。あらゆる生活文脈が持ち込まれるからこそ、学童保育の実践を通して、地域の子どもと家族のリアルな姿が見えてくる。学童保育は地域の要求のたまり場になることが可能であるし、必要であろう。

学童保育はそのような位置にあるが故に、地域社会の発達的ケイパビリティを高める役割を担い得るように思われる。たとえば、まちづくり協議会などの形態をとった都市内分権が各地で進み、住民参加による子育て支援の取り組みも広がりつつある。このような分権化がその名に値するか否かは、今後の推移にかかっているが、その際の検討課題の一つは、そのような参加システムによって、地域の子ども・家族にとってのケイパビリティが高まるのか否かにある。というのは、「住民参加による子育て支援」が、たとえ善意であったとしても、見守りという監視、さらには排除性を強めることに帰結する場合があるからである。たとえば青少年健全育成の取り組みは、子どもの安全確保とも関わって、今後、コミュニティの重要課題の一つとして浮上してくるであろうが、その場が「子どもの言葉」を聴き取る場になれば、監視社会ではなく、宮原のいう「特別な環境」が地域社会に再現されることになる。

しかし、現状ではその見通しは簡単にはたたない。子どもについて語っても、子どもの実際の生活を理解する機会がなければ、子ども観のずれが埋まらないままに（たとえば、「子どもにはしつけが何よりも優先される」という理解と主体としての子ども理解の対立など）、取り組みが形式化・形骸化することも危惧される。

田中孝彦らの言葉を借りれば、「子ども理解のカンファレンス」を地域全体で行なうこと、つまり、子どもの声を聴くことによって、おとな・地域社会のあり方を問い直すような省察的な学びあいの場を地域社会の中に創り出し、位置づけることが必要になるであろう。

このように述べれば、空想的に聞こえるかもしれないが、とはいえ、過度に悲観視する必要はない。現状では学童保育関係者に閉じて行なわれている学童保育実践の検討会を、まずは地域の子育てに関わる支援者（親も含む）に広げていくことはそんなに難しい課題ではない。あるいは筆者が所属するセンター[20]では、「支援者困り事ワークショップ」を年に数回開催しているが、これは弁護士・寄宿舎指導員・児童委員・教員等々の対人援助に関わるあらゆる領域の支援者が、支援実践の「困り事」をもちより、ワークショップ形式で共有し、分析する試みである。このような取り組みを中学校区単位で開催することは不可能ではあるまい。このような場において、子どもとともに言葉を紡ぐ学童保育実践からの発信は大きな価値をもつように思われる。

こうして、「子どもを真ん中に置いた地域のつながり」ができてくれれば、子どもにも親にもさまざまな出番が地域に開かれることになるであろう。それぞれの可能性を現実化する条件を、地域の中で集団的・協働的に生み出していくことは、地域の発達的ケイパビリティを向上させることにほかならない。

(2) 指導員像の拡張

松浦によれば、学童保育指導員の専門性には、地域社会のネットワーカーとしての機能が含まれ、これについては、おおむねの合意があるという。[21] とすれば、次の課題は、「ネットワーク」の内実を具体的に解明し、それを形成する際に必要となる力量を明らかにしていくことであろう。

小論は、必ずしもこの課題に応えることを意図したものではないが、以上の検討にもとづき、地域づくりとの関連に限定していえば、指導員には以下のような役割や力量が求められることになる。

第一に、日常的な保育実践を踏まえた子どもの声の代弁者としての役割である。代弁者たりうるか否かは、保育実践の質にかかっている。同時に、代弁が対話のためになされるものとすれば、対話の相手である地域社会の子ども・家族に関わる支援者、地域づくりに関わる実践者、行政担当者等々が「子どもの声を聴き、受け止める他者」となるような働きかけも必要であろう。

第二は、地域社会の教育・福祉に関わるコーディネーターとしての役割である。これは学童保育指導員だけが担うということではもちろんなく、子育て・家族支援に関わる実践者たちの集団的・協働的なコーディネイトの一翼を担う力量が求められる、ということを意味している。さまざまな資源や実践の出会いとつながりを促進するのがコーディネーターであるが、そのためには結び付けられる双方の状況に対する理解・了解が必要である。学童保育の指導員を専門としつつ、同時に、教師の状況、児童相談所職員やケースワーカーの状況、子ども・家族に関わる市民団体の状況等々について、日頃からそれぞれの取り組み状況に関する情報を入手できるような活動・環境が必要となろう。

第三に、学習の組織者としての役割が求められる。学習はいくつかの階層を有し、それらを区別しなければならないが、まず、子どもとおとなの生きづらさを生き生きとした言葉で語れるように、子どもや同僚、家族に働きかけるという役割がある。学びあう関係をつくる仕事といってもよい。さらに、地域社会全体が、子どもの声を聴きながら、発達的ケイパビリティを高めるように自らを発展させるための働きかけがある。これは地域を基盤にした学習活動の組織化とその教育的支援の役割といってもよい。あるいはまた、上記の一連の取り組みのなかで浮上してくる課題を解決するための知識や技術に関する学習を組織化することも必要になる。

以上のように、地域づくりに関わる学童保育指導員には、保育実践における固有の専門性を核にしながらも、それにとどまらない実践と学習の組織者としての力量が求められるであろう。後者は、他の子育て支援者や福祉・教育等の支援者に共通した力量と言える。これらの支援者たちの労働条件を保障し、研修機会を拡充することが行政には求められる。行政は地域の発達的ケイパビリティを高める一員として重要な役割を担っているのである。

（1）　そのなかでも子どもが育つ地域空間の重要性を指摘したものとして、松浦善満「学童保育の専門性と地域空間の再生」『学童保育研究1』かもがわ出版、二〇〇一年および同「これからの学童保育と地域社会」『学童保育研究

10』かもがわ出版、二〇〇九年。また学童保育に直接言及したものではないが、佐藤一子『子どもが育つ地域社会』東京大学出版会、二〇〇二年。

（2）榊原光治「地域の中で育つ子どもたち」拙編著『協働の子育てと学童保育』かもがわ出版、二〇一〇年。

（3）子どもの貧困白書編集委員会『子どもの貧困白書』明石書店、二〇〇九年。

（4）たとえば、真田祐「学童保育の現場から」浅井春夫・金澤誠一編著『福祉・保育現場の貧困』明石書店、二〇〇九年。

（5）岩田正美『社会的排除』有斐閣、二〇〇八年、日本社会教育学会『社会的排除と社会教育』東洋館出版社、二〇〇六年。

（6）二〇〇六年に実施された第三回大阪子ども調査の結果によると、一九九二年に比し、小学五年生の通塾率は四八・四％から三八・七％に減少しているが、教育費類型別にみれば階層間の格差が明確であることから、この減少は経済格差に起因するものと分析されている。大阪教育文化センター「第3回大阪子ども調査」研究会編『21世紀を生きる子どもたちからのメッセージ』三学出版、二〇一〇年。

（7）岩田、前掲書、二九頁。なお、都市と農村の格差も急激に拡大している。この問題も地域における社会的排除問題の一つとして位置づけられる。

（8）ロイック・ヴァカン（森千香子・菊池恵介訳）『貧困という監獄』新曜社、一九九九＝二〇〇八年。

（9）清水雅彦『治安政策としての「安全・安心まちづくり」』社会評論社、二〇〇七年。

（10）青木省三『時代が締め出すこころ』岩波書店、二〇一一年。また医療化についてはP・コンラッド、J・W・シュナイダー（進藤雄三監訳）『逸脱と医療化』ミネルヴァ書房、一九九二＝二〇〇三年。

（11）その一つの現われが、二〇一二年七月三〇日に大阪地裁で示された発達障がいをもつ被告への裁判員裁判の判決であった。「被告の障害に対応できる受け皿がなく、再犯の恐れが強い。許される限り長期間、刑務所に収容することが社会秩序の維持につながる」との理由から検察側の求刑懲役一六年を上回る懲役二〇年の判決が示された。朝日新聞デジタル版八月三日・八日・一一日・一三日付。
（12）A・セン（池本幸生・野上裕生・佐藤仁訳）『不平等の再検討』岩波書店、一九九二＝一九九九年、五九―六〇頁。
（13）アジット・S・バラ、フレデリック・ラペール（福原宏幸福・中村健吾監訳）『グローバル化と社会的排除』昭和堂、一九九九＝二〇〇五年、三五頁。
（14）マーサ・C・ヌスバウム（池本幸生・田口さつき・坪井ひろみ訳）『女性と人間開発』岩波書店、二〇〇〇＝二〇〇五年、九八―一〇〇頁。
（15）その記録の一つとして日本青年団体協議会『生きる』二〇一二年。大槌町の取り組みについては、楠野晋一「復興の思いをカタチに」『月刊社会教育』No 682、二〇一二年八月号。
（16）佐貫浩「コミュニティの再生と学校づくりをつなぐ」『教育』七九九号、二〇一二年八月号、かもがわ出版社、六八頁。また、阪神大震災後にも同様の学校像の転換が見られたことについて、竹内常一「福祉と教育が出会うところ」『賃金と社会保障』No 1543＋44、二〇一一年八月合併号。
（17）田中孝彦『子ども理解と自己理解』かもがわ出版、二〇一二年、一九五―一九六頁。
（18）宮原誠一「保育の今日的意味」、『宮原誠一教育論集第五巻』国土社、一九七七年（初出一九六三年）、三七九―三八五頁。
（19）この点については拙稿「子どもと共に言葉を紡ぐ」『日本の学童ほいく』二〇一二年七月号も参照していただければ幸いである。
（20）正式名称は北海道大学大学院教育学研究院付属子ども発達臨床研究センター。

（21）松浦、前掲論文（二〇〇九年）。

第4章　子どもの生存権保障としての学童保育
――学童保育から排除される子どもの問題から考える

石原剛志

はじめに

「私、学童を辞めるかもしれない。私は辞めたくないいんだけどね。お母さんが決めたことだからそうしなきゃいけないんだ」。――卒所を三か月後に控えた学童大好きのハルピ（子どもの愛称――引用者）が、学童保育指導員の河野伸枝に、おやつを食べながら「切り出した」。ハルピの父親は、会社が倒産した後アルバイトとして働き、母親は精神科での治療を受けながら仕事を続けてきた。しかし、兄の高校入学でお金がかかり、ハルピの保育料を切り詰めるしかなくなったのだという。ハルピだけではない。河野は「このところ、『保育料を払えない』理由で退所をしていく子どもたちが増えてきている」といい、こうした経済的な困窮のために学童保育所を中途で退所していく、あるいは入所申請すらできないケースを報告している[1]。

後に、より具体的に確認していくが、こうした経済的な困窮を理由とする場合だけではなく、学童保育制度の「貧困」ゆえに多くの子どもたちが学童保育から排除される危険性にさらされている。──入所を希望しているが、待機児童が多く入所できない。より低学年の児童だけで定員いっぱいになり、子どもの学年が進行するにしたがい退所をせまられる、というようなことは関係者にはよく知られている。せっかく入所しても、狭隘な空間に多くの子どもがごったがえすようななかで落ちつける場になっておらず子どもが行きたがらない。子どもの遊びや生活を豊かにしようとする努力や専門性を欠いた指導員のもとで、子どもがつまらないと不満を漏らし、無理矢理行かせることも難しくなった、ということもある。

こうした排除によって、放課後や学校休業日に、子どもが一人で「留守番」をすることを余儀なくされたり、「放置」されたりする可能性は高くなる。経済的に困窮している世帯では、なおのことである。

ところが、学童保育の現場や運動主体においても、待機児童問題を除くとこうした問題への関心は十分だったとはいえず、研究対象にしていく作業も十分ではなかった。そこで、本章では、従来、十分に検討対象とされなかった、学童保育から子どもが排除されている事態をいくつかに典型化してとらえてみたい。次に、学童保育から子どもが排除されている事態の根本には、放課後・学校休業日における生活の「自助」原則の根強さがあることを指摘し、それに対して「保育に欠ける」学齢児童の生存権の問題としてとらえる意義を確認する。最後に、こうした作業を通して見えてきた理論的な課題について問題提起を試みたい。

1　学童保育から排除される子ども

(1)　保育料負担が大きいため学童保育所を中途退所する子ども

国民生活センター「学童保育サービスの環境整備に関する研究会」が、二〇〇九年に行なった調査によれば、学童保育所を年度途中で退所した児童についての聞き取り調査で、次のような例を得たという。[2]

○　保育料が一律で減免措置がない（不十分な）ため、高額になるので兄弟姉妹が同時に在籍できないという理由や、家計が苦しくなったという理由で退所してしまう。このケースは、特にひとり親家庭に多い。（自治体の担当所管、複数）

こうした例は「子どもの貧困」問題への着目がされるようになるなかで、学童保育分野において、あらためて確認されている事柄である。冒頭でも紹介した埼玉県内の学童保育所で働く河野は、先

運営主体別でみた保育料の平均月額

運営形態	2003 年調査	2007 年調査
公営	4152 円	4523 円
公社・社協	8215 円	6050 円
運営委員会	9368 円	9859 円
父母会	10947 円	9681 円
法人・個人	8537 円	6910 円

（2007 年実施調査の無作為抽出で行なった「個別調査」の結果から）[4]

の例のほかにも経済的な困窮ゆえに中途退所を余儀なくされ、居場所を無くした子どもの例を報告している。高校生になったら学童保育所でバイトがしたいといっているくらいに学童保育所が好きなある女の子は、兄の中学入学準備にお金がかかり退所を余儀なくされた。また、ある兄弟は、保育料滞納のまま退所し、その妹は兄たちの未納の保育料がたまっていたため学童保育所に入所できなくなってしまった。そのため「放課後フラフラと近所の家に上がりこんで」いるような状態である、と[3]。

　学童保育所の保育料は、認可保育所とは異なり、ほとんどの場合、保護者の所得とは関係のない定額負担となっている。全国学童保育連絡協議会の調査によれば、運営主体別にみた「保育料の平均月額」は、表のとおりである。

　河野の働く学童保育所の場合は、保護者会が運営しているいわゆる「共同保育」である。保育料は共働き世帯で月額一万四〇〇〇円（一―三年生）になる[5]。全国学童保育連絡協議会の調査に見られる「保育料の平均月額」よりも大幅に高い額になっているが、「施設の公的な保障がない横浜市や、さらに補助金も少ない大阪市、京都市の共同学童保育などでは月二万円を超える保育料を徴収して運営しているところも[6]」ある。ここでは、ひとり親世帯（一三年生）の減免制度はあるものの、それでも月額九五〇〇円になるという。[7]

このように認可保育所であれば保育料が免除ないしは低額であったために入所できていた世帯の子どもも、学童保育所への入所は困難となったり、通い続けることが困難になる。いわゆる「小一の壁」[8]は、経済的に困窮している世帯にとっては、学童保育所に入所できるかどうか、通い続けられるかどうかという壁として現われる。

(2) 保護者の保育料負担をさけるために児童館や「全児童対策事業」に通う子ども

学童保育所の保育料負担を避け、利用料のいらない児童厚生施設（児童館）やいわゆる「全児童対策事業」を利用し、学童保育所の代替としているケースが各地で見られるようになっている。先にも引用した国民生活センターによる調査では、次のような例が報告されている。[9]

○ 学童保育の保育料を払えない家庭の子どもが、児童館に来るため児童館が無料の「学童保育館」となっている。（自治体の担当所管、複数）

○ 学童保育の保育料が高額なので支払いができなくなり、中途退所させて無料の「全児童対策事業」に移るケースがある。（指導員、自治体の担当所管、複数）

また、名古屋市では、月額一万数千円の保育料を必要とする共同保育の学童保育所と利用料無料の全児童対策事業トワイライトスクールとの間では、保育料・利用料の負担に大きな差が生まれている。そのなかで、保護者がとる選択行動とその結果について次のような実態が見られるようになったという。ある保護者の声である。

第二の家庭として、子どもたちが毎日の放課後（学校休業日には一日）を学童保育で過ごすことによって、安心して生活することができ、親も安心して仕事を続けられます。／名古屋での「全児童対策」事業であるトワイライトスクール（以下、トワイライト）も、十分に楽しそうで良い所だとは思いますが、あくまでも放課後の遊び場。毎日長時間過ごすには適していないと思います。／……働く友人に、どんなに学童保育の良さを伝えても、「保育料が高いから！」という理由でみんなトワイライトに行ってしまいます。そして（予想通り）長時間過ごす場としては退屈になり、結局「カギっ子」になって遅くまで遊んでいたり、自分で多くの習い事や塾に出かけているというのが現状です。(10)

また、元学童保育指導員の下浦忠治も、「学童保育」とは違って「一人ひとりの気持ちを受け止め、保護者と連絡を取り合いながら継続した生活を保障する」役割を位置づけていない「全児童対策事業」に、共働き・ひとり親家庭の学童保育対象児童が「流れている」状況の問題性を指摘する。特に「経済的困難」や「リスクのある」家庭の子どもについては、「その子の成育歴や家族関係をも把握した上で、丁寧なかかわりと家族支援の視座を持つ学童保育に在籍できるようにすべき」であるが、そうした子どもたちが利用料負担のほとんどかからない「全児童対策事業」を「とりあえずの居場所」とすることになってしまっている、というのである。(11)

(3) 放課後・学校休業日に「放置」される子ども

「貧困」を背負う家族の困難は、学童保育所からの中途退所というかたちだけで現われるのではない。そもそも入所に必要な情報を得られなかったり、入所手続きをすることができなかったり、保育料やおやつ代を支払う見込みがなく入所をあきらめることとしても現われる。

こうしたケースは、中途退所以上に問題が深刻であり、放課後・学校休業日に、子どもが子どもだけで「放置」される可能性が高くなる。『ルポ子どもの貧困連鎖』(12)は、「子どもの貧困」の実際を長期にわたって配信した共同通信の連載記事をまとめたものであるが、「五〇代でベテランの養護教諭の河野」の眼を通して「子どもの貧困」が小学生の放課後にどのようなかたちで現われてくるのかについて見事に描き出している。このルポから三つのケースを要約してみることで、こうした実態を確認してみたい。

【ケース1】一年生の愛、三年生の静香は、中学生の兄智弘と母親の四人暮らし。母親は、契約社員としての長時間労働、曾祖父の介護、介護をめぐる親類とのトラブル、育児が重なり、うつ病をわずらっていた。曾祖父母との同居解消のため、四人は、河野の勤める小学校のある学区に転居してきたのであった。

五月に転校してからしばらくの間、河野は、保健室で愛と静香の放課後の面倒をみた。河野は、母親に二人を学童保育に入所させるようすすめていたが、母親はなかなか入所に必要な書類を準備することができず、仕事のため役所に行くこともできなかったのである。河野の支援により、ようやく申請ができたのが七月中旬。入所は八月一日となった。

しかし、入所して数日で、二人は学童保育所を欠席するようになる。母親が給食の夏休み中、お弁当をつくることができないためであった。二学期がはじまり通うようになったものの、毎日、午後三時半になると愛と静香は保健室にやってきた。一か月一人一〇〇〇円のおやつ代を払うことができないためだった。

【ケース２】軽い発達障害のある奈緒（四年生）。一人での留守番は難しい。普段は、学童保育所に通う。インフルエンザによる学級閉鎖にあわせて学童保育所が閉所となった一二月のある土曜日、父子家庭で奈緒を育てている父親は、どうしても仕事を休めないと困って養護教諭の河野に電話をする。「学校だと安心だから、奈緒を一日中、運動場にいさせようと思うんです」と。河野は、慌てて休日出勤し、校門に立っていた奈緒を保健室に呼んだ。午後はみぞれ。河野が買ってきたシュークリームを食べながら、奈緒はつぶやく。「校門で待っている間、『先生が来なかったらどうしよう』ってすごく心配だった。保健室にいられて本当に良かったよ、先生。ここで預かってもらえなかったら、私、どうなってたかな。外にずっといようかと思ってたから。」

父子家庭になってから父親は育児のために転職し、六〇〇万円あった年収も三分の一になった。以前はおやつ代だけだった学童保育所では、保育料が有料化された。奈緒と姉の彩の「保育料は二人で月一万一千円」。父親にとっては「負担は重く、滞納が続いた」という。

【ケース3】身長約一四〇センチで体重五〇キロを超える大樹（四年生）は、医者から食生活の改善や運動の必要を指導されていた。電気工事を請け負う父親の仕事は、リーマンショック以後一気に減、収入は不安定に。母親が工場のパートから帰宅できるのは午後八時頃だった。大樹と弟は、毎日、お腹を空かせて待ち、空腹になるとスナック菓子を食べるという生活を続けていた。夏休みは、兄弟で「一日中、家の中で寝転び、大好きなポテトチップスを食べながらケーブルテレビのアニメ番組をみて過ごした」という。母親は、反省はしているものの子育てに専念する経済的な余裕もなく悩んでいる。「子どもは『家で何をしていればいいの』という感じだったんでしょうね。待っている間は寂しかったはずです。……」。

いずれの【ケース】にも共通して見えてくるのは、保護者にのしかかる経済的な困窮と、それを基因としつつ結果として「放置」される子どもたちの姿である。なんなくこなせる人には「なぜ、これぐらいのことができないのか？」と思うようなこと――たとえば、学童保育所への入所申請書類をしかるべきところに提出する、お弁当を用意する、月二〇〇〇円のおやつ代を払う、学級閉鎖にあわせて学童保育所が閉所になった日だけでも仕事を休む、友人や親類に一日だけでも子どもの世話を頼む等――ができない保護者のもとで、放課後や学校休業日、子どもが子どもだけで過ごさざるをえなくなるか、その一歩手前になっている実態であった。

学童保育指導員としての経験と児童相談所に勤務した経験から下浦は「全国的なデータはないが、学童期に（児童相談所に――引用者注）保護された子どもたちの中には、母親が働いていても学童保育に入所することもなく、保護の目のない状態に『放置』されていた子も多かったのではないだろうか」という。[13] 児童相談所に一時保護されるほどのネグレクトの前兆あるいは裾野には、放課後・学校休業日における多くの子どもの「放置」があるかもしれないという警鐘である。ここで「全国的なデータ」を根拠にすることもできないままに提起された言葉に注目してみたのは、ほかでもない。こうした子どもの「放置」は、先に要約引用した【ケース】に見られるように、決して特殊な条件下で起こるものではないからである。

しかし、そうであるにもかかわらず、これを「見る」ことは難しい。一般的には「家庭内」の問題と見なされるこうした問題は、社会的に顕在化しにくいという困難に加え、そもそも子どもが子どもだけでいる時空間のことを大人が認識しようという難しさが横たわっている。先の【ケース】も、放課後に保健室で生徒の世話をし、親からＳＯＳの電話があれば子どものために休日でも保健室を開けるような河野という養護教諭の眼があって、はじめて「見えた」実態であった。

(4) 学童保育の質・内容を理由に退所する・せざるをえない子ども

国民生活センター「学童保育サービスの環境整備に関する研究会」は、全国一七九八市区町村の学童保育の担当部署を対象に調査している。ここでは年度の中途で退所したケースについて理由別にその有無を尋ねている。回答割合の多い順に、その理由をならべてみると次のようになる。[14]

引っ越し・転勤　四六・三％
リストラや失業などで就業状況が変化　三六・四％
子どもが学童保育に行きたがらない　二六・〇％
開設時間や開設日が就労状況とあわない　一三・五％
指導員の対応、保育内容に不満　九・一％
保育料が高額・有料になった　六・一％
高学年のため退所を勧められた　一・六％

すでに見たような経済的な理由による中途退所の割合の高さもうかがわれる結果であるが、ここで注目したいのは、「子どもが学童保育に行きたがらない」と「指導員の対応、保育内容に不満」

というサービスの内容や水準への不満を理由とする割合の高さである。この二つの理由を合わせると実に三二・一%になる。

この調査は、さらに、こうした結果に関して保護者や指導員への聞き取り調査を実施している。たとえば、子どもの人数に対する施設の面積や職員体制、生活の場にふさわしい集団規模に関わる問題では、次のような事例報告がある。(15)

○ 子ども自身が「(あまりにも人数が多くて)いつもうるさく落ち着かないからやめたい」と母親に訴え続けるので退所させた。(保護者)

○ 子どもの人数が多く、その場の対応だけにおわれて、遊びの輪の中に入れないでいる子どもが気になっていたが、欠席がちになり退所してしまった。継続的な援助ができずに心を痛めている。(指導員)

○ 学校内にある学童保育で、高学年の授業が終わるまでクラブ室から出ることが許されない。四時過ぎまでは室内だけで過ごしている。人数が多いので、室内では思い切り遊ぶことができず、活発な男の子のなかには、その窮屈さから「学童保育に行きたくない」といって休みがちになり、退所していった例もある。(指導員)

また、学童保育での生活が、子どもにとっての安全や安心を保障するものになっていない場合に

ついては、次のような例も報告されている。(16)

○　学童保育での子どもたちの様子が荒れており、上級生が下級生に対して暴力をふるったり強制的な言葉で従わせたりするといった状況があり、「学童保育に行きたくない」といっている子が多かった。表向きの理由として、「習いごとをさせる」という理由で退所する子どもが何人かでたが、そのほとんどが「学童に行きたくない」と家でいっていた。なかには一か月以上学童保育に行かずにそのまま退所した人もいる。（保護者）

児童福祉法に定められた放課後児童健全育成事業は、学童保育に関する主要な法定事業であるが、これには最低基準が定められていない。(17)そのため、子どもの人数に応じた広さがない場合や静養スペース、さらにはトイレすら設置されていない場合もある。また、ここで働く放課後児童指導員（学童保育指導員）についても、独自の国家資格制度や養成制度はなく、指導員の身分や労働条件も一部の自治体を除けば極めて劣悪なものである。現職者への公的な研修も不十分なままになっている自治体も多い。こうした条件のもとで「子どもが学童保育に行きたがらない」と「指導員の対応、保育内容に不満」とする状況がいわば構造的に生み出されているのだと思われる。

(5)「一人で留守番」している子ども

学童保育から排除された子どものなかには家で「留守番」をして過ごしている子どももいるであろう。ここでは、仮説的に、「放置」（された子ども）とは区別して、「留守番」を保護者としても子どもの安全を確保するために子どもとの約束や練習をしたうえでやむなくしているものとしておく。[18]

子どもの「留守番」については、参考になる全国調査がある。ベネッセ次世代育成研究所が小学校一年生の第一子を持つ母親一五〇〇人を対象として実施した放課後の生活について調査（二〇〇九年一二月二五日―二七日実施）である。「小1ママと子の放課後生活レポート」として公表されている。[19]

この調査では、「下校後」から「夕食や入浴」までの子どもの主な居場所を尋ねて「自宅で過ごす」とした回答者（「有職母」では六八・四％、「無職母」では九六・三％）に対して、「お子さんは自宅で放課後、誰と過ごしますか。あてはまる人を全て選んでください」という質問をしている。この質問は、「母親」、「友だち」、「祖父母や親戚」、「父親」、「ファミリーサポートやシッター」、「一人で留守番」、「その他」という七つの選択肢のなかからあてはまるものすべてについて複数回答を可として答えさせているが、ここで注目したいのは「一人で留守番」への回答率である。

レポートは、「正社員（一〇四人）」、「パートタイム・アルバイト（三二五人）」、「自営業・家族従業＋内職・在宅ワーク（七〇人）」、「無職（七〇〇人）」の四つの属性ごとに結果を出しているが、「正社員」の母親の場合「一人で留守番」の回答割合が一一・五％にまでなっているのである（念のために確認しておくと、ここで一一・五％の母数となっているのは、「下校後」から「夕食や入浴」までの時間の子どもの主な居場所について「自宅で過ごす」とした回答者のうち「正社員」の数である）。「パートタイム・アルバイト」の母親では一・三％、「自営業・家族従業＋内職・在宅ワーク」の母親では一・四％、「無職」の母親では〇・〇％である。

なぜ、小学校一年生のわが子に「一人で留守番」をさせなくてはならないのか。その理由は、この報告書からは明らかでない。ここまで見てきたような何らかの理由や事情で学童保育から排除されたケースがあるかもしれないが、ここで確認しておきたいのは、日本の育児文化における子どもに「留守番」させることへの抵抗感の低さである。よく知られているように、アメリカでは、一二歳未満の子どもを監護すべき大人なしに子どもだけにすることは保護者の監督責任を放棄したものとみなされる。[20]「留守番」も「カギっ子」も「お使い」も保護者に対する規制の対象となる。

これと比べて日本での育児文化のなかで「留守番」は、ふつうに使われてきた育児のかたちである。インターネット上の「子育て」「育児」関係の掲示板を覗いてみれば、子どもの「留守番」についての経験からノウハウまで活発な情報交換がされている。また、先のベネッセの調査でも「お子さんの小学校入学にあたり、放課後の安全確保を目的として行なったことについてあてはまるものを全て選んで下さい」とするものがあり、そこには「留守番のルールを決めた・留守番の練習をさせた」が選択肢にあがっている。ここには、子どもに「留守番」をさせるという行為を倫理的に許されないものとみなすニュアンスは感じられない。それどころか「留守番」の「ルールを決めた」り「練習をさせた」りすることが「安全対策」の選択肢として扱われており、その回答「留守番のルールを決めた・留守番の練習をさせた」は二五・一％もの割合となっているのである。(21)

2　放課後・学校休業日における生活と生存権を位置づける意義

こうして学童保育から排除される子どもたちの状況が見えにくく、また社会的・公的に解決すべき問題としてみなされにくいのは、子どもの放課後や学校休業日における生活の「自助」原則が日本の育児文化のなかに根深く浸透しており、保護者の選択や責任の問題に矮小化されてしまうからである。

そして、こうした「自助」に問題を囲いこむ傾向は、近所付き合いの希薄化が急速にすすむなかで、(22)強まっていると思われる。それだけに、放課後・学校休業日の生活に、子ども自身の生存権保障として学童保育を位置づけることは重要な意義をもつ。

(1)　放課後・学校休業日の生活における「自助」原則と憲法・児童福祉法による修正

放課後・学校休業日における学童期の子どもの監護や養育について、家族による「自助」が原則とされるのは、資本主義社会における労働者の生活の原則が「自己責任」＝「自助」によるものだからである。(23)

しかし、共働きやひとり親世帯の保護者には、労働に従事している時間など、子の監護教育権を直接行使できない時間が生じる。そこで、児童福祉法は、こうした事態を想定して「自助」原則を修正し、「保育に欠ける」児童（「乳児又は幼児」と「その他の児童（＝学齢児童）」）に対する保育責任を市町村に課してきた。[24]

もとより日本国憲法二五条一項は、子どもを含め「健康で文化的な最低限度の生活を営む権利を有する」主体として位置づけ、二項で「すべての生活部面について、社会福祉、社会保障及び公衆衛生の向上及び増進に努め」る義務を国に課している。児童福祉法は、これを受けて、総則として「国及び地方公共団体は、児童の保護者とともに、児童を心身ともに健やかに育成する責任を負う。」（二条）とし、「自助」原則には収まらない公的な子どもの育成責任を定め、その一形態として「保育に欠ける」児童に対する公的な保育責任を位置づけてきたのである。[25]

(2) あらためて生存権を放課後・学校休業日の生活に位置づける

ところが、憲法・児童福祉法にもとづく「保育に欠ける」学齢児童の公的保育責任は、ほとんどの自治体で果たされることなく空文と化してきた。また、放課後児童健全育成事業にもとづく学童保育が、さまざまなかたちで子どもを排除してしまう制度上の「貧困」をはらんでいることについては、ここまで確認してきたとおりである。

あらためて、放課後・学校休業日において監護・保護の目が行き届かず「放置」されるような状態に子どもが置かれた場合や「留守番」させるしかない状況に親子が追い込まれた場合について、これを私的な「自助」の問題に収めてしまうのか。それとも、子どもの「健康で文化的な最低限度の生活を営む権利」が脅かされるおそれのある問題としてとらえ、「健康で文化的な最低限度の生活」を保障する国や地方公共団体の責務を問うていくのかが問われているのである。

憲法学・教育法学を専門とする丹羽徹は、こうした放課後・学校休業日における子どもの生活を憲法二五条からとらえ、さらに子ども（および親）の学童保育請求権を導きだす重要な提案をしている。

子ども（少子化の中では一人っ子が多い）が放課後、誰もいない家の中で過ごすのは決して健康的でも文化的でもない。したがって、このような環境の中で生活しなければならない子どもに対して、その条件を改善していくことは国・地方公共団体の責務である。子ども（および親）は、このような環境を改善していくための手段の一つとして、学童保育へ通うことを要求する権利を持っているということができるであろう。とりわけ、他に手段がない以上はそうである。(26)

丹羽は、まず、放課後・学校休業日における子どもの生活において「子ども……が放課後、誰もいない家の中で過ごす」のは、日本国憲法二五条の生存権に照らして、これが脅かされている事態としてとらえる。そして、その解決を「自助」による解決ではなく、国や地方公共団体の責務として位置づける。さらに、この解決の手段の一つとして学童保育を位置づけ、「子ども（および親）」は「学童保育へ通うことを要求する権利を持っている」としたのである。

ここでの丹羽の提起は、「自助」原則が浸透している放課後・学校休業日における生活のなかに子ども自身の生存権を位置づけ、それに対する国・地方公共団体の公的責任を位置づけた先駆的な提起として受け止めることができる。[27]

(3) 子ども自身の権利として生存権をとらえる意義

この提起において確認しておきたいのは、生存権を子ども自身の権利としてとらえる意義である。家族による「自助」に矮小化するのではなく「子ども……が放課後、誰もいない家の中で過ごす」ような状態からの改善を国・地方公共団体の責務として位置づけようとするとき、重要な意味を持つのは、ジャン・シャザルがいうように、子どもの個人としての資格に基づいて生存権を確認するということである。

子供は主体であって客体ではないと宣言することは、子供の個人としての資格にもとづく諸権利を確認することであり、子供を尊重し、保護しようとしようということであり、同時に、子供の生活のもつ重みをそこなうまい、子供を空虚な観念に還元してしまうまいということなのである。[28]

「留守番」のルールを決め練習をさせることまで「安全対策」とみなす、いわば究極の「自助」原則が浸透している日本においては、子ども個人としての資格にもとづく生存権を確認しなければ、放課後・学校休業日において、子どもの「生活のもつ重み」は損なわれ、子どもは「空虚な観念に還元」されてしまうであろう。「子ども……が放課後、誰もいない家の中で過ごす」という問題は、まさに「家の中」の私法上の問題に閉じ込められることになる。

この問題を、私法上の問題に埋没させるのではなく、公法上の問題としてとらえるためにも子どもを個人の資格にもとづいて生存権を国家に要求できる主体として確認することは重要である。

おわりに

こうして、放課後・学校休業日の生活における子ども自身の生存権を具体化していくとき、実践的かつ理論的な課題として浮かび上がってくるのは、この生活領域においてナショナル・ミニマムを確立する課題である。

それは、第一に、放課後・学校休業日に「放置」されている子どもや「留守番」を余儀なくされている子どもの実際とニーズを明らかにして「健康で文化的な最低限度の生活」を明らかにする課題である。こうした子どもたちは、はじめから学童保育所への入所申請をしていない場合と中途退所をした場合とに分かれると思われるが、特に入所申請をしていない子どもについて、学童保育所の設置者や現場の職員、ソーシャルワーカー、研究者が、これをとらえる努力をしなければ、「保育に欠ける」（第一八〇回国会の児童福祉法改正により「保育の必要な」に変更）学齢児童と「小学校に就学しているおおむね十歳未満の児童であって、その保護者が労働等により昼間家庭にいないもの」（第一八〇回国会の児童福祉法改正により「おおむね十歳未満の」は削除されている）の全体像は見えないことになる。現在、学童保育所への入所は、保護者による申請を前提としたものとなっているが、保育料負担が壁になって申請が見送られる場合もある。学童保育現場の側からだけでは、こうした子どもが見えてこない。今後の学童保育制度像を展望していくときにも、こうした「見えない」子どもを含めて構想するのか、こうした子どもたちを排除してしまうのかが問われることにもなる。

とはいえ、こうした子どもたちの実際やニーズを把握するのは、簡単ではない。本章では、すぐれた養護教諭を取材したルポにより「放置」された子どもの姿の一端を確認できたものの、こうした「眼」がどの学校にもあるとは限らない。調査方法のあり方もふくめて残された課題は大きい。

第二に、学童保育所に通っている子ども、いわゆる全児童対策事業に通っている子ども、障害児の放課後活動に参加している子どもなど、さまざまな形態で展開されている活動・事業に通っている子どもの生活を、「健康で文化的な最低限度の生活」という観点から検証していく課題である。すでに学童保育所については、全国学童保育連絡協議会「私たちが求める学童保育の設置・運営基準」二〇〇三年や全日本建設交通一般労働組合全国学童保育部会『「学童保育所における基準」の提言』（『建交労　雑誌版』二三号、二〇〇四年）等、最低基準策定にむけた提言も公表されている。しかし、全児童対策事業については、そもそも「生活の場」としての位置づけがない場合が多く最低基準策定を課題とする議論も聞かれない。したがって、「保育に欠ける」あるいは「保護者が労働等により昼間家庭にいない」学齢児童にとって全児童対策事業に通うことが、「健康で文化的な最低限度の生活」たりえているのかという観点から実証的に検証する必要もあるだろう。

第三に、第一と第二の課題の前提となる問題であるが、そもそも放課後や学校休業日における「健康で文化的な最低限度の生活」を、どのような水準や内容において確定するかという研究課題である。丹羽は「子ども……が放課後、誰もいない家の中で過ごすのは決して健康的でも文化的でもない」としていたが、何を基準にそのように判断しているのかは明らかではない。はたして子どもの「留守番」をどう考えたらよいのか。「健康で文化的な最低限度の生活」を、所得換算ではない、生活のありようそのものにおいてどうとらえるか、という大きな課題である。これらは、「子どもの貧困」研究の蓄積[29]から学ぶこともできるだろう。

ところで、久冨善之は「『子どもの貧困』と放課後」（二〇〇九年）のなかで、学童保育の分野で「今日、貧困・ワーキングプア問題にハイライトが当たった時点から振り返ると、『貧困・生活困難』をその課題の重要さにふさわしく取り立てて問題にすることが、もしかしたらそれほど多くなかったかも知れない」と指摘している。[30]

おそらく、これは的を射た指摘であると思われるのだが、問題は、なぜ、学童保育分野において貧困を「取り立てて問題にすること」が多くなかったのかということである。

本章での叙述からも推測されるように、考えられるのは「子どもの貧困」が放課後・学校休業日という時間における子どもの「放置」というかたちで現われるとき、学童保育所の現場からその貧困は「見えない」からである。また、学童保育所の現場からはっきりと子どもの貧困が「見える」場合も、保育料負担の重さを理由に子どもが中途退所していくときであり、「見えた」あとにはすぐに「見えなく」なってしまうからである。

こうした「子どもの貧困」問題も含めて、本章では、従来、学童保育分野では光が当てられてこなかった問題をとりあげ、検討してきた。しかし、放課後・学校休業日における子どもの生存権論、ナショナル・ミニマム論については、問題の整理も不十分なまま提起することに終わってしまっている。そうした反省も含め、ここで提起した研究課題の具体化については、今後の課題としたい。

(1) 河野伸枝「子どもを隔てる学童保育料」子どもの貧困白書編集委員会編『子どもの貧困白書』明石書店、二〇〇九年、七八―八〇頁。

(2) 野中賢治「市町村調査から見た中途退所児童の現状と課題」『学童保育サービスの環境整備に関する調査研究―都道府県の取り組みに大きな格差―』独立行政法人国民生活センター、二〇一〇年三月、四九―五〇頁。

(3) 河野、前掲。

(4) 全国学童保育連絡協議会報道発表資料「学童保育の実施状況調査結果がまとまる」二〇一〇年八月三日、一一頁。

(5) 河野、前掲。

(6) 全国学童保育連絡協議会『学童保育情報2006―2007』二〇〇六年一〇月、四〇頁。

(7) 河野、前掲。

（8）認可保育所に比べて延長保育時間が短い、職場の労働時間短縮制度は子どもが就学前までの場合に限られている場合など、子育てと仕事の両立の困難が、子どもの就学とともにやってくることを指す。
（9）野中、前掲、四五頁。
（10）全国学童保育連絡協議会編『厚生労働大臣様　学童保育予算を大幅に増額し、大規模分割と質的拡充を求めます　学童保育の拡充を求める一万二〇〇〇人の声』全国学童保育連絡協議会、二〇〇八年、五四頁。
（11）下浦忠治「子育ち・子育てを支える学童保育の社会的役割に関する一考察―孤立の子育て・関係性の貧困の防波堤になってきた学童保育―」日本学童保育学会『学童保育』第一巻、二〇一一年、一八―一九頁。
（12）保坂渉・池谷孝司『ルポ子どもの貧困連鎖　教育現場のSOSを追って』光文社、二〇一二年。以下「はじめに」における【ケース】は、本書第三章からの要約と引用である。
（13）下浦、前掲。
（14）野中、前掲、四九―五〇頁、傍線は引用者。
（15）野中、前掲、四六―四七頁。
（16）野中、前掲、四七―四八頁。
（17）ただし、第一八〇回国会で改正された児童福祉法によって、基準が定められることになった。放課後児童健全育成事業に「従事する者及びその員数」については、厚生労働省令で定める基準に従い、それ以外の事項については厚生労働省令で定める基準を参酌し、市町村が条例で定めることとなった。
（18）「留守番」も「放置」も、大人に監護されることがなく子どもが子どもだけで過ごしているという共通したリスクがあり、実際には区別をするのは難しい。より精緻な区分は今後の課題としたい。
（19）子育てトレンド調査レポート第二回「小一ママと子の放課後生活レポート」ベネッセコーポレーション・ベネッ

セ次世代育成研究所、二〇一〇年三月一日。http://www.benesse.co.jp/jisedaiken/research/research_11.html

(20) 岡元真希子「アメリカ―社会格差の改善をめざした教育機会の提供」『子どもの放課後を考える―諸外国との比較でみる学童保育問題』勁草書房、二〇〇九年、一一〇頁。

(21) 前掲「小一ママと子の放課後生活レポート」より。

(22) 小伊藤亜希子・室﨑生子編『子どもが育つ生活空間をつくる』(かもがわ出版、二〇〇九年)は「近所付き合いをみると、ほぼ一〇年前の一九九七年には『親しく付き合っている(四二%)』と『あまり親しくないが付き合いしている(三五%)』が八割あったのが、二〇〇七年には『親しく付き合っている(一一%)』と『あまり親しくないが付き合いしている(三一%)』は四割まで減少していることがわかります(二〇〇七年国民生活白書)。近隣関係が希薄化してくると、子どもの安全安心を確保する目的で放課後は子どもを学校や家庭に囲い込んでしまい、結果的には地域から切りはなすような方針や自宅封じ込め自衛策がでてきます。」と指摘している(六―七頁)。

(23) 工藤恒夫『資本制社会保障の一般理論』新日本出版社、二〇〇三年、第二章。ここでの資本主義社会における生活の「自助」原則の理解は、同書に依拠している。

(24) 児童福祉法における「保育に欠ける」概念は、第一八〇回国会で成立した改正児童福祉法によって「保育の必要な」という概念に置き替えられた。この改正法によっても、「保育の必要な」児童については、「乳児・幼児」に限定されておらず「その他の児童」すなわち学齢児童もその範疇に入れられている(二四条一項や三九条二項)。従来のものと同様に、保育所の入所児童について「保育を必要とするその他の児童」が「特に必要なときは」保育所で「保育することができる」としている(三九条二項)。この「その他の児童」が「保育を必要とする」場合にも、市町村は保育所に入れて「保育しなければならない」とされているが、「この法律及び子ども・子育て支援法の定めるところにより」という前提がついており、あいまいなものになっている(二四条一項)。こうした改正の内容が、行政によりどのように解釈され、どのような実態を生み出すのかは、現時点では判断できないことも多い。この第一八〇回国会における改正児童福祉法や子ども・子育て支援法に位置づけられた「その他の児童」の保育についての検討は今後の課題としたい。

(25) 第一八〇回国会での改正以前の「権利としての学童保育」法解釈については、石原剛志「学童保育とはなにか」小川利夫・高橋正教編『教育福祉論入門』光生館、二〇〇一年がある。また、児童福祉法第五〇次改正以前における「権利として学童保育」法解釈については、小川政亮「権利としての学童保育―憲法的視点から」全国学童保育連絡協議会編『学童保育―実態と改善の課題』自治体研究社、一九八九年や東京弁護士会女性の権利に関する委員会編『権利としての学童保育を求めて』東京弁護士会、一九九一年がある。

(26) 丹羽徹「権利としての『学童保育』・試論」、長谷川正安・丹羽徹編『自由・平等・民主主義と憲法学』大阪経済法科大学出版部、一九九八年、二二八頁。

(27) ただし、児童福祉法の解釈を抜きに憲法二五条からストレートに学童保育請求権を導きだそうとする強引さと、子どもの「学童保育へ通うことを要求する権利」を親が代弁できない場合の想定の甘さなどが問題として残る。

(28) ジャン・シャザル『子供の権利』白水社、一九六〇年、二〇頁。

(29) 阿部彩『子どもの貧困』(岩波書店、二〇〇八年)が「子どもの最低限の生活水準」について市民に問う「合意基準アプローチ」を紹介しているが、ここでの課題に対しても示唆に富む。

(30) 久冨善之「『子どもの貧困』と放課後」『学童保育研究』第一〇号、二〇〇九年、四九頁。

第Ⅱ部

学童保育のなかの子どもと指導員

第1章　学童保育における教育的機能の特徴

住野好久

1　学童保育における教育の位置づけをめぐる議論

学童保育とは、保育所で行なわれている乳幼児を対象とした保育と同様に、学童（学齢期の児童）を対象に保育を行なうことである。そもそも「保育」とは、子どもの安心・安定・健康をつくり出す「養護」と、子どもの人間的な成長・発達を引き出す「教育」とを一体的に提供する営みとされ(1)、そこに教育的機能が内在化されていることは、ある意味で自明のことである。

ところが、これまでの学童保育をめぐる研究・実践においては、学童保育に積極的に教育的機能を位置づけようとするものと、より養護や福祉の機能を重視するものとが併存していた。

そこでまず、学童保育における教育的機能の位置づけに関して、これまでの議論を整理したい。

(1) 学童保育政策における教育的機能の位置づけ

学童保育における教育的機能の位置づけは、国の事業における学童保育の位置づけと対応して変化している。すなわち、学童保育を旧文部省・文部科学省が所掌する事業に位置づけるか、旧厚生省・厚生労働省の事業に位置づけるかという違いに対応してきた。(2)

旧文部省が一九六六(昭和四一)年から一九七一(昭和四六)年まで行なった「留守家庭児童会育成事業」は、核家族・共稼ぎ家族の「カギっ子」が増加するなかで「下校後保護者が家庭にいない小学校児童を対象に、留守家庭児童会を開き、これら児童の生活指導を行い、もって少年教育の振興に資する」ことを目的としていた。ここでは、社会教育事業として学童保育の教育的機能が重視されている。

それに対し、旧厚生省は「学童保育は、児童福祉法の欠落部分であり、保育という立場から見て厚生省の所轄である」ととらえ、一九七六(昭和五一)年から一九九一(平成三)年まで「都市児童健全育成事業」を実施した。この事業は学童保育を「都市における児童の福祉の増進」を目的としたものとし、家庭での保育に欠けるカギっ子の増加と、都市での人口・交通量の増加による遊び場の減少、家庭の孤立化による児童養育の不安の増大などに対して、子どもの保護と健全育成をめざした。ここでは、教育的機能よりも養護や福祉の機能が重視されている。

なお、現在の学童保育は児童福祉法に規定され、厚生労働省による「放課後児童健全育成事業」

（一九九八〈平成一〇〉年から）に位置づけられているが、その目的は「適切な遊び及び生活の場を与えて、その健全な育成を図るもの」と規定されている。この「健全な育成を図る」事業の内容として、二〇一二（平成二四）年度の「放課後児童健全育成事業等実施要綱」は、以下の八項目を挙げている。(3)

① 放課後児童の健康管理、情緒の安定の確保
② 出欠確認をはじめとする放課後児童の安全確認、活動中及び来所・帰宅時の安全確保
③ 放課後児童の活動状況の把握
④ 遊びの活動への意欲と態度の形成
⑤ 遊びを通しての自主性、社会性、創造性を培うこと
⑥ 連絡帳等を通じた家庭との日常的な連絡、情報交換の実施
⑦ 家庭や地域での遊びの環境づくりへの支援
⑧ その他放課後児童の健全育成上必要な活動

ここには、①②に心身の健康・安全、安心確保など養護的な機能が挙げられ、④⑤に子どもの心情・能力などを培い育む教育的機能が挙げられている。これを見るかぎり、現行の政策においては、教育的機能が位置づけられていると言ってよい。ただし、この事業者自体が厚生労働省所掌の児童福祉事業であるために、その教育的機能は重視されていないという現実もある。厚生労働省の編集による『放課後児童クラブ実践事例集―子どもたちの心豊かな育ちを求めて―』(4)（二〇〇九年）に掲載されている事例を見てみよう。ここには、キャンプやクリスマス会といった行事や体験活動の様

子が紹介されているが、その際の指導員の役割は「とにかく子どもと遊び、個々の様子をよく見ています」「子どもたちの自主性や協調性を大切にし、したいことが楽しくできるようにアドバイスします」といったものである。つまり、教育的な機能を発揮することよりも、子どもたちが自主的、自発的に遊ぶことが重視され、指導員の役割はそれらを見守ることが中心である。

さらに、実際に事業を実施する自治体レベルでは、所轄官庁が変わることで学童保育所の性格は大きく変化した。現在でも「留守家庭児童会育成事業」といった名称を使い教育委員会が管轄する自治体（芦屋市、泉大津市、京田辺市など関西・西日本に多い）では、「家庭教育の補充をして集団的及び個人的に生活指導を行い……」[5]（阪南市）と謳われているように、教育的機能を重視する目的が示されている。他方、福祉部局が管轄する自治体では厚生労働省の「放課後児童健全育成事業」に基づき、「学童保育所」ではなく「放課後児童クラブ」、「保育」ではなく「健全育成」という表現を使い、さほど教育的機能を重視しない傾向にある。

(2) 学童保育研究における教育的機能の位置づけ

では、研究的には学童保育における教育的機能はどう位置づけられてきたのか。

① 教育学研究における学童保育の教育的機能

教育学者は、一九七〇年代にはすでに学童保育を地域における重要な教育の担い手として位置づけていた。

川合章は、学校・家庭・地域全体で子どもの人格発達を保障するという教育構想を提起し、そのなかで地域の教育力を回復・創造していくための広義の地域子ども組織として学童保育を位置づけた。すなわち、「学童保育をたんに家庭生活の代用品と見るのではなく、むしろ積極的に、地域の子どもたちの集団としてとらえ発展させる」ことで、地域に学童保育所が設置されても家庭の教育的機能を軽視せず、またたんに直接の関係者だけの関心事にとどめず地域住民全体のものとすることで、学童保育を「地域生活の充実、地域の教育力の回復、創造」に取り組む役割を担うものと位置づけた[6]。

また、増山均は一九八〇年代に、子どもの社会教育という観点から、子ども会・少年団、児童館、子ども文庫、親子劇場、ひまわり学校等と並べて、地域社会における子ども組織の一つとして学童保育を位置づけた。すなわち、学童保育の場には「子どもたちが安心して集まれる、暖かい雰囲気づくりが必要」であり、さらに、子どもたちとともに楽しい活動をつくり出すなかで「子どもたちの①健康な身体、②人間としての基本的な生活習慣と生活技術、③仲間とまじわる社会性、④観察力や表現力、⑤活動や行事を企画したり運営する力などがそだてられていく[7]」と、学童保育の教育的機能を述べている。

その後も学童保育は、地域社会の教育力を担うものとして位置づけられた。たとえば、全国生活指導研究協議会では、一九八五年の第二七回全国大会基調提案において「ケイス・ワーカー、カウンセラー、医師、弁護士……学童保育指導員などの協力を積極的に組織し、学校における生活指導と地域における生活指導との結合を進めていく必要がある」[8]と述べ、地域社会において生活指導に取り組むものとして学童保育を位置づけた。[9]

② 学童保育研究における学童保育の教育的機能

学童保育の研究は、一九八〇年代までは教育学者によって地域社会における教育の全体構想の一部分に位置づけられ、論じられてきた。それが、一九九〇年代以降になると、学童保育そのものの目的・内容・方法等を研究する著作が編集されるようになる。

学童保育に関わる実践者と研究者の共同の仕事として最初にまとめられた図書とも言える大阪保育研究所編『学童保育の生活と指導』（一九九三年）は、題名に「指導」という教育用語を使い、学童保育の教育的機能を積極的に位置づけている。たとえば、二宮厚美は、「学童保育には、他の教育集団とは異なるいくつかの持ち味というか、特性があります。……第一に学童保育は教科教育を主にした場ではなく、子どもたちの自発的な遊びと生活のなかで発達を保障しようとする場です。……第二に、学童保育の集団は……異年齢の子どもたちによって構成されています。……かつて地域にあったガキ大将集団の教育力を受け継ぐ特性ということができます」[10]と、学校教育とは異なる学童保育独自の教育的機能に言及している。

また、久田敏彦は、「子ども相互の主体間の応答的・共応的な働きかけ合いを発展させる」ために、指導員は「共同活動を促すことを通して子ども相互の関係性へ働きかけていかなければならない」と述べ、その働きかけにおいては「子どもたちの手による活動内容の自主的創造」を促す指導と「子ども集団を民主的集団に育てていく指導、つまり、集団を民主的に運営する活動の指導」との統合を提起している。(11)このような学校教育における生活指導の原理を学童保育に応用しようとする久田の提起は、学童保育の教育的機能を強化する提起であったと言える。

さらに、高浜介二は学童保育実践を「広い意味での教育実践」と位置づけ、「学童保育実践の役割の第一は、一人ひとりの子どもがもっている可能性を現実のものにする、花開かせることです。そのためのさまざまなきっかけを作る仕事なのです」と、学童保育の教育的機能を強調している。そのうえで「指導員の教育実践は、相手の拒否を絶えず克服することが期待されている仕事」であり、「相手が思うとおりになってくれないのは、あたりまえなのだというところから出発する」必要があることを指摘している。つまり、学童保育における指導員と子どもとの教育的関係は緊張・対立をはらんでおり、それを克服する過程で双方が影響し合い、努力し合い、それによってともに成長できるものととらえていた。(12)

次に、学童保育の法制化をふまえ、「学童保育の全貌を語る初めての試み」として一九九八年に大月書店より刊行された「シリーズ学童保育」（全五巻）にも、学童保育の教育的機能に関する多くの言及がある。たとえば、村山士郎は「学童保育は、子どもの生活づくりをとおして子どもの生活の安全を保障し、発達を促すことを目的としている」と述べ、実践事例の考察をとおして生活技術と生活力、いたずら心・遊び心・創意性、自治的活動・責任・リーダー的な力などの育ちについて指摘している。そのうえで村山は、学童保育が「子どもの生活づくりをとおして子どもの生活の安全を保障し、発達を促すことを目的にしている」こと、「父母・住民の手によってつくられてきた」こと、「学童保育の運動が切り開いた新しい公共性」が「教育改革のひとつの革新的なモデル」になると提起している。[13]

また同書において斉藤浩志は、学校教育と学童保育に「共通する『教育・子育て』の『基本』」として「『発達の主体者』としての子どもを中心にすえた検討視点」[14]を提起し、「カリキュラムやマニュアルのコンクリートの箱のなかではなく、開かれた自然の『陽気』をたっぷりうけた、豊かな人と人との交流の『生活の土壌』」を耕し培う教師・指導員・父母の協力と共同を提起している。[15]

さらに、汐見稔幸は、学童保育における「生活づくり」を通じて、「能力」の発達だけではなく、心の発達、すなわち、感情や意欲、自立心や自立的な行動力の発達をつくり出していくことを提起している。[16]

このように研究レベルにおいて学童保育の教育的機能、子どもの発達保障という機能は指摘され続けてきた。そこでは、学校外の地域社会における教育力の担い手として学童保育は期待され、その文脈において学校教育とは異なる特徴を持つ点に注目が集められてきた。学童保育における教育は、学校教育のように教えなければならないことをカリキュラムやマニュアルにそくして教えるようなものではなく、学童保育所での生活や多様な遊びや活動、子ども集団が持っている教育力（人間的な発達をつくり出す力）を豊かに引き出すことでもたらされるものであり、指導員が行なう指導は子どもたちによる拒否の可能性を前提としたものとされてきたのである。

2 学童保育における教育の特徴

(1) 学童保育の教育的機能に対する拒否感

これまで概観してきたように政策的にも研究的にも、学童保育の教育的機能には多くの関心が寄せられてきたが、同時に拒否される面ももちあわせてきた。それはなぜか。

第一に、学童保育の教育的機能を重視することによって、学童保育が学校的になり、学校の延長になってしまうと考えられたからである。この考え方は、学童保育所は子どもたちの学校が終わってからの、家庭に代わる生活の場であって、そこで行なわれる学童保育が学校的なものになってはいけないという学童保育観と、教育とは学校で行なわれるものであるという学校教育に偏った教育観にもとづくものと考えられる。

第二に、学童保育の教育的機能を重視することによって、学童保育が子どもたちの放課後の遊びや生活における自由や自主性を抑圧してしまうと考えられたからである。この考えは、教育とは学校のように強い権限をもった教育者・教師が子どもの生活を管理統制するものだ、という統制的教育観にもとづくものと考えられる。

第三に、学童保育の教育的機能を重視することによって、学童保育が教育者である指導員によって運営されるものとの認識が強まり、保護者や地域住民の役割や位置づけが曖昧になってしまうと考えられたからである。この考え方には、地域づくりの住民運動と結びついた「つくり運動」の歴史を継承し、学童保育運動の担い手は保護者・地域住民でなければならないという学童保育運動観と、教育は専門職によって実践されるが学童保育は素人によって実践されるという指導者観があったと考えられる。

第四に、現在の放課後児童健全育成事業の目的である「健全育成」が、奉仕活動への参加などによる非行対策・不良化の防止といった意味で使われ、心身の健康で十全な発達の保障という本来の教育的な意味で使われていないからである。「健全育成」という言葉は、子どもを取り締まったり管理したりすること、あるいは、大人の決めたルールに子どもを適応させることと理解され、子どもを心身ともにすこやかに育てるという教育的観点が軽視されやすい(17)。

このような考え方は今日でも学童保育業界に浸透している。このような考え方では学童保育の教育的機能を軽視し、弱体化させることになる。そこでここでは、これまでの研究成果にもとづいて、学童保育における教育的機能のとらえ方を再規定しておきたい。

(2) 学童保育における教育的機能の特徴

第一に、学童保育は地域社会における教育力の担い手であり、学校とは異なる教育的機能をもつものと位置づけられることである。たとえば、川合は、教育は学校だけで行なうものではなく、家庭を含めた地域の生活自体が一定の教育的な働きをもっていることを前提とし、その一翼を担うものとして学童保育を位置づけた。といって、子どもたちの地域生活や学童保育における遊びや生活を放置しておくのではなく、これらを子どもの豊かな発達を進めるという立場から再検討し、「動きまわってさえいればよいというのではなく、家族関係、地域における子どもどうし、子どもたちと親との関係のあり方、そして活動の中身を質的に高めるための指導が必要になる」[18]と述べている。つまり、子どもたちの放課後の生活を、人間関係や活動の質にかかわってより豊かなものにしていくことが、学童保育における教育的機能であるととらえたわけである。これは、学校で行なわれる知識・認識の形成を中心とした教育とは異なる、より幅広い人間的で、全体的な発達を支援しようとする教育観である。

第二に、学童保育における教育的機能は、指導員が子どもたちの生活を管理統制することではなく、子どもたちの自発的な遊びと生活のなかで共同活動を促すことによって、そしてそれを通して子どもたちの自主性・創造性や自治的能力、子ども相互の関係性、民主的集団の形成を促すことによってもたらされることである。学童保育における教育的機能は、自主性・創造性を抑圧することによってではなく、それを豊かに保障することによってこそ実現するものなのである。このような学童保育における教育的機能は、子どもたちの共同的な関係を築き、子どもたちを豊かな集団的生活をつくる担い手へと育てる「生活指導[19]」の営みであると言うことができる。

第三に、学童保育における教育的機能は、それだけが単独で機能するのではなく、福祉の視点と結びつき、身体的な養護や精神的なケアの機能と結合して発揮されることである。すなわち、学童保育は共働き・一人親家庭の子どもの「最善の利益」を保障し、身体的にも精神的にも安全で安心できる環境と人間関係を築き、人間的な成長と発達をつくり出すという総合的な実践として行なわれている[20]。ここに学童保育の教育的機能を見なければならない。

第四に、学童保育における教育的機能は、指導員だけが担うものではなく、学童保育所における生活や遊び・活動、そして異年齢の子ども集団などが同時に担うものである。指導員は直接的な教育的働きかけ＝指導だけによって教育的機能を発揮するのではない。指導員は子どもたちと共同してつくり出す生活や遊び・活動、異年齢集団の人間関係などがより豊かな教育的機能を発揮するように、意図的・計画的に指導的な介入をはかる。こうして学童保育のもつ総合的な教育力が発揮されるのである。

3　学童保育における教育の実際

(1)　学童保育実践における教育的機能の実際

学童保育における教育的機能をより豊かに発揮させるためには、子どもたちの発達状況を把握し、子どもたちが必要とする指導を、意図的・計画的に行なう必要がある。学童保育においては異年齢集団を指導員集団が保育するかたちをとる。そのため、学童保育において教育的機能を発揮するには、異年齢集団のなかで一人ひとり異なる発達状況を把握したうえでその子どもにふさわしい指導を行なうこと、そして、その教育的な働きかけを指導員集団が共同して行なうことが求められる。

ここで、一つの学童保育実践を紹介する。[21] 岡山市たけのこクラブの四月一日の実践である。四月一日は、春休みの一日保育を実施している最中であるが、新一年生が初登所し、三年生は初めてリーダーとして活動する特別な日である。当日の朝は新入所する子どもはもちろん、在所児童も指導員も緊張の瞬間を迎える。

四月一日は、新一年生一九名のうち、一六名が初登所。朝はあいにくの雨。

第二たけのこに属する三年生のかずくんは八時から来ていた。「今日から一年生が来るから、かずくんロッカーの位置とか教えてあげてな」と指導員の声かけに、「わかっとるよ。一年生は何人来るん?」とかずくん。「第二の一年生は一四人で、今日は一二人来るよ」と指導員の返事に「ええっ。そんなにおるん⁉」と驚きつつも、自分の役割がたくさんあってうれしそうな顔のかずくん。

その後、さっそく一年生の大川くんが来たが、かずくんは一年生に気づいたもののなかなか声をかけられずにいました。そこで、指導員「かずくん、一年生来たよ〜」と一年生の近くに行って声をかけると、かずくんも来ながら「名前は?」と聞いてやり、「大川しょうた」との返事を聞いて、「大川」の名前のある靴箱を探しながら、「え〜と、あった! ここにクツを入れて」と教える姿がありました。そして、今度は荷物を入れるロッカーの名前を探すかずくん、「次は、ここに荷物を入れるんよ」と大川くんに教えてやり、コップかけに、連絡帳の出し方と、指導員が声をかけなくても、順番に教えている姿がありました。同じ出身園の子が一人もいなかった大川くんもかずくんの声かけで安心した様子で、その後の生活にスムーズに取り組めていました。

この実践において三年生のかずくんは、朝早くから登所し、リーダーとしての自覚と責任感を持って一年生の大川くんにかかわり、リーダーとしての役割を果たすことができた。そして、リーダーとして自信をもち、自己効力感を高め、リーダーとしての振るまい方や一年生へのかかわり方を学ぶことができた。この日の保育はかずくんに対して大きな教育的機能を発揮したと言うことができる。しかし、この教育的機能は、指導員がかずくんを手取り足取り指示し、導くことでもたらされたものではない。それは、三年生になったらリーダーとして役割を担うことがクラブの伝統となっており、その伝統の力によってもたらされている。さらに、指導員は二年次から彼がリーダーとして活動する意欲を持って四月一日を向かえるように働きかけてきた。四月一日には彼が一年生にかかわる場（出番）を設定し、最初は「今日から一年生が来るから、かずくんロッカーの位置とか教えてあげてな」と背中を押すように声かけし、その後は見守った。四月一日の朝、かずくんがこうして成長・発達できたのは、自然に起きた出来事でも、偶然の産物でもなく、意図的・計画的な教育的指導の結果なのである。

当日の日案は次頁のようなものであった。この日案では、「二・三年生、OBが靴箱やロッカー等の名前を一緒に探し、迎え入れる」場を設定し、「二・三年生の子どもやOBが自分たちの役割を認識し、あてにされ感を持つ」ことを、二・三年生に対する保育のねらいとしている。これは、指導員が直接的に二・三年生を教育するときのようなねらいではない。このねらいにそくして指導員は、二・三年生やOBが一年生の世話をする活動を、登所時だけでなく、朝の会、昼食、おやつ、当番のときに意図的に設定する。これらの活動が三年生をリーダーとして成長させる教育的機能を発揮することをねらっているのである。と同時にこれらの活動は、一年生に対しては精神的な安心・安定をつくり出すケア的な機能も発揮するものであった。

ねらい：・初登所の子どもが安心できるように、在所の2・3年生、OBが靴箱やロッカー等の名前を一緒に探し、迎え入れる。その姿を見てもらい、初めてクラブに子どもを預ける保護者にも安心感を持ってもらう。 ・2・3年生の子どもやOBが自分たちの役割を認識し、あてにされ感を持つ。			
時間	**1日の流れ**	**子どもの活動**	**指導員の動き**
8：30	おはよう 1年生登所	連絡帳出し。 グループ分けを確認してそれぞれの部屋に入る。 名前を聞いて、げた箱等をさがしながら、かかわる。	出席・連絡帳チェック 新1年生が登所してきたらグループわけを確認。3年・OBが1年生にかかわれるよう促す。子どもの様子を見ながら言葉をかける。
9：10	勉強	2・3年は班ごとにテーブルを出して宿題を始める。	1年生が安心するような声かけをしながら、勉強をみる。
9：40	朝の会	2・3年は先にならび、3年生が1年生を呼ぶ。司会は3年生。	3年生が自分の班の1年生を呼ぶことができるようにする。
10：00	遊び	1年生は学校探検。 2・3年生は遊び。	学校を周りながら、学校やたけのこでの生活場所を伝えたり、ルールの確認をする。
12：00	昼食	手洗い、消毒をして班ごとにテーブルにつく。「いただきます」「ごちそうさま」3年が前に出る。当番は台布巾用意、テーブル片付け。	テーブルごとに楽しくお弁当が食べられているかを見る。特に1年生が食べている様子を観察。残量等を記録する。 指導員は交替で連絡帳への書きこみ。
13：00	あそび	あそび。	遊具の使い方に注意する。
15：20	おやつ用意	おやつ当番がおやつの配ぜん。台布きん用意。	おやつ当番の班と一緒に、配膳する。
15：30	おやつ	手洗い、消毒をして班ごとにテーブルにつく。「いただきます」「ごちそうさま」3年が前に出る。当番→台布巾用意、テーブル片付け。	消毒。
16：00	当番 遊び	各自、決まった当番を担当する。 3年生は1年生に仕事の中身を伝えながらしていく。 片付け。	
17：00	帰りの用意	お帰りの用意。 班ごとに並んで座る。	
17：30	帰りの会 おかえり 延長	帰りの会の司会は3年生。 一斉おかえり。 地域ごとに、集団で帰る。 1年生はお迎え。	初日の生活を直接伝えて、保護者が安心できるよう。 1年生のお迎え対応。

(2) 学童保育の保育計画と教育的機能

このようにたけのこクラブが見通しをもって日々の保育に向かうことができるのは、より長期的な三年間の保育計画をもっているからである。たけのこクラブは「つながり・ぬくもり・あこがれの中で育てる」を保育の基本方針とし、次頁のような保育目標を設定したうえで保育計画を作成している。

このクラブの保育目標は、教育に関する目標だけではない。「自分づくり」にある「健康・安全な生活」「心身の健康」といった目標は、身体的な「養護」に関する目標である。「自分づくり」にある「居場所を見つけ、安定してクラブに来ることができる」や「集団づくり」にある「他者に対する思いやりや信頼関係」といった目標は、精神的な「ケア」に関する目標である。そして「集団づくり」にある「自主的、自治的な生活を作る」や「遊び・技能」にある「より高度な技の獲得」「遊びの選択肢を増やす」といった目標は、「教育」に関する目標である。このように、学童保育における目標は、教育に関するものだけではなく、子どもの全体的な発達と放課後の生活の充実などにかかわる総合的な観点から設定される。

このような保育目標を実現するために、たけのこクラブは保育計画を作成している。ここでは、一—三年生を含めた全体的な保育の計画（一六〇—一六一頁）を紹介するが、たけのこクラブでは学年ごとの保育計画も作成している。

保育目標	自分づくり （ぬくもり）	＊健康・安全など生活に必要な基本的な習慣や態度を養い、心身の健康の基礎を培う ＊クラブで居場所を見つけ、安定してクラブに来ることができる
	集団づくり （つながり）	＊仲間と共に生活する中で、教えたり教えられたりしながら、他者に対する思いやりや信頼関係を育てる ＊たけのこクラブの生活を自分たちで組み立て、実行しながら、自主的、自治的な生活を作る
	遊び・技能 （あこがれ）	＊異年齢での遊びを通して、より高度な技の獲得や、新しい遊びへ挑む気持ちややる気を持つ ＊遊びのおもしろさと楽しさの追求を通して、遊びの選択肢を増やす

保育計画の構造としては、上述した保育目標設定の三観点である「自分づくり」「集団づくり」「遊び・技能」にもとづいて領域を設定している。したがって、この保育計画は「教育」に関する計画だけではなく、養護やケアに関する内容も含んだ包括的な計画となっている。

さらに一年は五期に区分され、次のように各期のテーマが設定される。

・第Ⅰ期（四月）―年度初めの新しい集団での適応支援や新しい役割認識を築く
・第Ⅱ期（一学期）―新年度の本格的なスタート
・第Ⅲ期（夏休み）―活動や集団の拡充期
・第Ⅳ期（二学期）―自治的活動の拡充期
・第Ⅴ期（三学期）―振り返り、次年度につなぐ

一学期を四月とそれ以降とに区分したことによって、四月には入所したばかりの一年生への精神的「ケア」を丁寧に、進級したばかりの三年生にはリーダーとしての「教育」を意識的に追求することができるようにしている。

保育計画には、各期に各領域でどのような保育を目指すのかを示す【ねらい】と、より具体的に保育の重点を示した【内容】が書き込まれている。たとえば、第I期（四月）の集団づくりの「ねらい」は「新しく出会う子ども同士がつながる」ことである。教育的な機能よりも、ケア的な機能を重視する期であることが示される。そしてこのねらいを達成するために、「お互いへの理解を深め、遊び、生活を共にできるよう援助する」ことが保育の「内容」とされている。言うまでもなく、子ども同士が相互に理解し、活動を共有できるようになるための指導員の援助は多様であり、子どもや指導員の個性やその時の状況によって異なる。たけのこクラブの保育計画は、このような援助・指導の多様性を含み込みながら、その時々に指導員集団としてどのような保育に取り組むことが求められるのかを明確にしたものになっている。

保育計画というと、大人の指示どおりに子どもを動かすイメージのものになりがちであるが、たけのこクラブの場合、具体的な遊びや活動を示して子どもたちにそのとおりに取り組ませるようなものではなく、保育全体の方向性や重点を示すものとなっているわけである。

4　発達支援としての学童保育の充実

最後に、学童保育において教育的機能を充実させ、子どもたちの豊かな人間的発達をつくり出すために必要なことをまとめておきたい。

クラブ　保育計画（全体）

(遊び、技能)：あこがれ
①異年齢での遊びを通して、より高度な技の獲得や、新しい遊びへ挑む気持ちややる気を持つ。
②遊びのおもしろさと楽しさの追求を通して、遊びの選択肢を増やす。

(子育て支援)
①こどもを真ん中に、保護者と指導者が、共に手を携えて子育てを行う。
②働く保護者の子育てのために、必要な支援を行う。

<table>
<tr><th colspan="5">Ⅳ期</th><th colspan="2">Ⅴ期</th></tr>
<tr><th>9月</th><th>10月</th><th>11月</th><th>12月</th><th>1月</th><th>2月</th><th>3月</th></tr>
<tr><td colspan="3">【ねらい】
・夏休みから放課後の生活への切り替えをスムーズに行い、生活の場面での切り替えができる。
【内容】
・デイリーの生活の切り替えの場面では自分自身で切り替えることができる。</td><td colspan="2">【ねらい】
・遊びを取り組む中で挑む気持ちや充実感を味わう。
【内容】
・失敗しても大丈夫という子ども同士の関係をつくる。</td><td colspan="2">【ねらい】
・進級、卒所を見通して生活していく中で、1年間で身に付けた力を実感する。
・仲間と共に過ごすことの居心地の良さを感じる
【内容】
・進級する期待感や卒所への気持ちを膨らませていくよう援助する。
・一人ひとりの子どもが仲間から認められるようにかかわる。</td></tr>
<tr><td colspan="5">【ねらい】
・たけのこクラブの生活を自分たちで組み立て、実行していったことを振り返りつつ、自主的、自治的な生活や活動をめざす。</td><td colspan="2" rowspan="2">【ねらい】
・自主的、自治的な生活や活動をつくる。
・仲間と共に生活する中で、他者に対する思いやりや信頼関係が育つ。
【内容】
・子どもたちが生活の主体者として責任を持って生活が進められるよう援助する。
・仲間同士のつながりをより深められるよう援助していく。</td></tr>
<tr><td colspan="3">【内容】
・子ども同士の関係により重点を置いていけるよう、かかわっていく。</td><td colspan="2">【内容】
・伝承遊びの取り組みを通して、教えたり、教えられたりという異年齢のつながりを具体的な形で作っていくようかかわる。
・生活時間が短縮される中で、自分たちでデイリーを変更したり、生活の見通しが持てるようにかかわる。</td></tr>
<tr><td colspan="7">【ねらい】
・より高度な技に挑戦していったり、やってみたいと思った遊びに、入れるようになる。
・子どもたちだけで遊びが楽しくなるように、ルールを決めたり、トラブルを解決する力を身につけていく。
【内容】
・指導員がかかわる遊びから、子どもたちの自治集団へと遊びを移行させていく。</td></tr>
</table>

展開）
・ドッジボール等、多くの遊びを展開。
ドロケイ・ワニ鬼・サッカー野球・エスケン・ドッジボール等、多くの遊びを展開。

な援助を行う。

2012年度　たけのこ

<table>
<tr><td>保育方針</td><td>＊つながり・ぬくもり・あこがれの中で育てる
＊働く保護者の子育てを応援する</td><td>保育目標</td><td colspan="3">（自分づくり）：ぬくもり
①健康・安全など生活に必要な基本的な習慣や態度を養い、心身の健康の基礎を培う。
②クラブで居場所を見つけ、安定してクラブに来ることができる。
（集団づくり）：つながり
①仲間と共に生活する中で、教えたり教えられたりしながら、他者に対する思いやりや信頼関係を育てる。
②たけのこクラブの生活を自分たちで組み立て、実行しながら、自主的、自治的な生活を作る。</td></tr>
<tr><td></td><td>Ⅰ期</td><td colspan="2">Ⅱ期</td><td colspan="2">Ⅲ期</td></tr>
<tr><td>月</td><td>4月</td><td>5月</td><td>6月</td><td>7月</td><td>8月</td></tr>
<tr><td>自分づくり</td><td>【ねらい】
・新しい年度を迎え、新入・進級した喜びを実感する。
【内容】
・新入所者が安心してクラブに来れ、在所者が新しい集団の中での自分の役割を再認識できるよう援助する。</td><td colspan="2">【ねらい】
・たけのこクラブで新しい班の生活に見通しと安心感をもてる。
【内容】
・一日の生活の見通しがもて、安定した生活が送れるよう配慮する。</td><td colspan="2">【ねらい】
・この時期ならではの、１日保育の生活リズムをつかむ。
・夏休みの行事に期待感を持って生活ができる。
【内容】
・長時間保育のため、健康維持、事故防止に留意する。
・夏休みならではの行事・取り組みの中で、自分の居場所を見つけ、仲間から認められるようかかわる。</td></tr>
<tr><td>集団づくり</td><td>【ねらい】
・新しく出会う子ども同士がつながる。
【内容】
・お互いへの理解を深め、遊び、生活を共にできるよう援助する。</td><td colspan="2">【ねらい】
・それまでの登校班から、3年生が中心になって決定した班へ移行しても、班生活がおくれるようになる。
【内容】
・班の仲間関係が円滑に進んでいるかどうかを把握し、改善の必要があれば、子どもと相談していく。</td><td colspan="2">【ねらい】
・日々のかかわりを通して、仲間を認め合う事ができる。
・夏休み（一日保育）の生活や体験でつけた力、集団の力を自信にし、自分たちで生活をすすめていこうとする。
【内容】
・行事の取り組みを通して、公共マナーを身につける。
・夏休み（一日保育）の特徴をいかしてタテヨコの関係を重視する。
・OB が展開する自治的な活動を、あこがれをもって見る中で、自分たちの生活も自分たちで組み立てるという意識と見通しを持つようかかわる。</td></tr>
<tr><td>遊び、技能</td><td colspan="5">【ねらい】
・クラブで遊んでいる遊びの面白さと楽しさがわかる。
・遊びの選択肢が増える。
【内容】
・遊びを展開していく中で、子どもたちが、遊びの面白さと楽しさを追求できるように援助していく。</td></tr>
<tr><td>遊びの引出</td><td colspan="5">今年のぼたん、あーぶくたったなどの遊び、お砂場あそび、ごっこ遊び（伝承遊びは、年間を通して
家族ごっこ・砂場遊び・ビー玉・王様陣取り・缶けり・ドロケイ・ワニ鬼・サッカー野球・エスケン
伝承遊び（こま・マリ・けんだま・なわとび・やっとこ・おてだま）ビー玉・王様陣取り・缶けり・</td></tr>
<tr><td>子育て支援</td><td colspan="5">［ねらい］
・クラブに子どもが通うことで、親が安心して働くことができる。
［内容］
・親が安心できるよう、日常から細かく連絡を取りながら、親の状態、子どもの状態を把握し、適切</td></tr>
</table>

(1) 総合的な学童保育による教育的機能の発揮

第一に、学童保育において教育的な機能は、それだけで機能するというよりも、養護やケアなどの機能と結びつくことでより豊かに機能するということである。

学童保育において教育的機能が強く発揮される場面の一つに、指導員が新しい遊びや新しい工作を子どもたちに教える場面がある。しかし、指導員がこれまで子どもたちが知らなかった新しい遊びや工作を教え授ける過程は、同時に子どもたちがケガをしないように環境を整えたり（養護の機能）、わからない子やできない子に丁寧にかかわりながら「ゆっくりで大丈夫、できない人には教えてあげるよ」と精神的に安心できる関係をつくったり（ケアの機能）する過程でもある。また、子ども同士の関係のなかでも、早く覚えたりマスターした子がまだできていない子に教えたり（教育の機能）、教える過程で「ありがとう」といわれて自己効力感を高めたり（ケアの機能）、「ナイフは危ないからこのはさみでやってごらん」とかかわったり（養護の機能）と、さまざまな機能が発揮される。

宿題や自主的な学習に取り組む時も、たとえば、わからないで困っている子どもに対して指導員が「こうやってごらん」「こうしたらいいんだよ」と直接的に教えるよりも、「わたしもこの問題苦手だったよ」「困ったね、一緒に考えよう」と共感的にかかわる方がよい場合がしばしばある。ケア的なかかわりを伴なうことで、教育的機能は豊かに発揮されるのである。

このように、学童保育実践の過程で、指導員や子ども集団のもつ教育的機能が、他の機能と結びついた複合的・総合的なものとして発揮されることで、「保育」という営みにふさわしいものとなるのである。

(2) 管理主義・適応主義の「健全育成」ではなく、発達支援としての教育的機能を

第二に、教育的機能は「きちんとできない子」にきちんとできるように管理主義的に働きかけることや「トラブルや問題行動を起こす子」にそうした行動の予防として強制的にルールに従わせるように働きかけることではない。してはいけない行動を叱ったり、注意したり、諭したりすることに本来の教育があるのではなく、それらは教育のための予備的・前提的条件を確保する取り組みである。教育的な働きかけとは、してはいけない行動を止めさせたうえで、そうせざるをえなかった子どもの思いや願いを受け止めて、その思いを言語化させたり、人を傷つけることのない方法で実現させたりして、自分の感情をコントロールする力や人に言葉で伝える力などの発達をつくり出すことである。[22]

たとえば、暴力をふるった子を叱り、「ごめんなさい」と言わせて指導を終えるのではなく、そうした行為をした子が同じ過ちを繰り返さないように、ルールの意味を理解したり、暴力をふるってしまった相手との相互理解を深めたりできるように、彼の学びをつくり出すことが教育的な働きかけなのである。

このような教育的な働きかけは、子どもの発達段階に規定されるものである。たとえば、ルールの意味は発達段階によって異なる。他律的道徳期の小学校低学年にとっては信頼できる大人や上級生が示すルールが一番重要なルールとなるが、中学年になると子ども同士でつくったルールの方が重要なものになってくる。こうした発達段階をふまえた教育的働きかけが行なわれる時、それは子どもの発達を支援するものとなる。そのために、一人ひとりの発達状況を分析し、発達課題を明確にすることで指導方針を確立すること、さらにあらかじめ保育計画を作成し、各時期にふさわしい生活、遊びや活動、人間関係、指導員の働きかけ方などを大まかに示しておくことが有効である。

(3) 地域社会における教育の拠点としての学童保育所

以上のように、学童保育において子どもたちの多様な発達を支援する教育的機能は、複合的・総合的に発揮される。このような教育的機能は、現在、学校教育以外では、学童保育所でしか発揮されない、といって過言ではない状況になっている。というのも、一人ひとりの子どもの発達状況を把握し、それにふさわしい支援を見通しをもって行ない、それを実現できる専門性をもった教育的機能の担い手が存在する場は、学童保育所以外にほとんどなくなっているからである。

とはいえ、今日学童保育所に通う子どもは、保護者が就労などによって放課後自宅にいない子どもに限定されている。その意味で学童保育所はまだ一部の子ども、一年生でおよそ三分の一、二年生で二割程度の子どもたちのための施設でしかない。

他に地域社会における教育力の担い手が数少なくなった今、学童保育所が地域におけるすべての子どもに対して教育力を発揮する根拠地になることが求められている。学童保育所が地域社会に対して閉じたものとならず、すべての子どもたち・保護者・地域社会の人々、そして学校・教員とつながり、地域社会の教育拠点になっていくことが期待される。

（1）たとえば、厚生労働省『保育所保育指針』（二〇〇八年）は、保育所における保育の原理を養護と教育の一体性という観点から規定している。
（2）これまでの学童保育政策に関しては、三根佳祐「わが国における放課後児童対策の展開」『大阪経大論集』62（2）、一五一―一六八頁を参照した。
（3）http://manabi-mirai.mext.go.jp/assets/files/pdf_kanrensiryou/H24_houkago_jissiyoukou.pdf 参照。
（4）http://www.mhlw.go.jp/bunya/kodomo/kosodate17/dl/01.pdf 参照。
（5）http://www.city.hannan.lg.jp/kosodate/kosodate/1292304555056.html 参照。
（6）川合章「地域の教育力と学童保育」『子どもの発達と教育―学校・地域・家庭―』青木書店、一九七五年、一七四―一七八頁（初出は一九七四年）。
（7）増山均『子ども組織の教育学』青木書店、一九八六年、一一三―一一四頁。
（8）「全生研第二七回全国大会基調提案」『生活指導』三四四号、明治図書、一九八五年、一二―三一頁。
（9）なお、近年教育学者による学童保育研究はあまり活発ではない。教育方法学分野における学童保育研究の動向については、住野好久「子どもの生活現実にとりくむ学童保育研究の課題」日本教育方法学会編『子どもの生活現実に取り組む教育方法』図書文化、二〇一〇年、一四一―一五三頁を参照されたい。
(10) 二宮厚美「現代日本の社会と学童保育の前進」大阪保育研究所編『学童保育の生活と指導』一声社、一九九三年、一一七頁。
(11) 久田敏彦「教育的関係の成立と指導概念」同右書、六五―六八頁。
(12) 高浜介二「学童保育実践の構造と指導員」同右書、二四四―二五〇頁。
(13) 村山士郎「子どもの豊かな生活づくりと学童保育の可能性」「学童保育」編集委員会編『シリーズ学童保育1〔総論〕子どもたちの居場所』大月書店、一九九八年、一四―三九頁。
(14) 齋藤浩志「学校教育と学童保育を貫く実践の検討視点」同右書、一一八頁。
(15) 齋藤浩志「人間が育ちあう『生活の土壌』を耕し培う学校・学童保育・家庭―ここに照準を!」同右書、一四〇頁。
(16) 汐見稔幸「学童保育の生活づくりの発達論的視点」「学童保育」編集委員会編『シリーズ学童保育2〔生活づくり〕あそび、友だち、はじける生活』大月書店、一九九八年、一二―一三頁。
(17) 「健全育成」概念については、増山が「『健全育成』とはなにか」『子ども研究と社会教育』青木書店、一九八九年、一五三―一六九頁で論じている(初出は一九八〇年)。そのなかで「真の健全育成は、子どもたちを〈管理〉することなのではなく、そこにあくまでも〈教育的観点〉を貫きとおすべきことがらだ」と述べている(一六八頁)。
(18) 川合、前掲書、一七三頁。
(19) たとえば、船越勝は「生活指導とは、教師と子ども、子どもと子どもが、共同でよりよい生活をつくり出すとともに、そのことを通して、共々に自らの生き方を問い直していく教育的な営みのことをいう」(船越勝「生活指導」日本教育方法学会編『現代教育方法事典』図書文化、二〇〇四年)と規定している。なお、学童保育における生活指導の特徴については、住野好久・中山芳一「学童保育と学校教育との協働による地域生活指導の可能性」全国生活指導研究協議会編『生活指導』六八〇号、明治図書、二〇一〇年、八六―九一頁を参照されたい。

(20) これに関して中山芳一は、学童保育を「学童期の子どもを対象とした福祉・ケア・教育の統合された営み」と述べている(「学童保育指導員の実践場面におけるケア・福祉・教育の機能の関連性」『子ども家庭福祉学』第九号、日本子ども家庭福祉学会、二〇一〇年、七九―八八頁)。

(21) この実践記録および考察は、住野好久・英真子・矢吹一馬「学童保育における保育計画の実践化と評価・改善に関する研究」日本学童保育学会紀要『学童保育』第二巻、二〇一二年、三九―四八頁でも詳述している。

(22) 教育的な子どもの管理に関しては、住野好久「現代における『教育的管理』の実践課題―J・F・ヘルバルトの管理論を手がかりにして―」日本生活指導学会編『生活指導研究』第一一号、一九九四年、一二七―一四〇頁を参照されたい。

第2章　学童保育実践の特質とその構造
――「生活づくり」の歴史的変遷をたどりながら

二宮衆一

1　失われゆく子どもの「居場所」と「居場所づくり」という現代的課題

学童保育の実践記録、あるいは、その検討会のなかでしばしば登場するようになった言葉に「居場所」がある。この用語は、一九八〇年代の半ば頃に登場し、九〇年代になると、一般に、子どもの教育や福祉に関わる人々の間の共通の関心事として広く使われるようになった。[1]

「居場所」とは何か。たとえば、増山均は「一人ひとりの子どもたちの自分づくり・仲間づくり・生きがいづくり」が保障されている場所と説明する。[2] ある空間が子どもたちにとって「居場所」となり得るために必要な要素は、安心感と解放感が感じられる居心地の良い場所という意味での「心のよりどころ」、仲間との結びつきのなかで仲間からの期待感や自分の存在感を実感できる「心のつながり」、そこでの生活に充実感や価値観といった「心のはり」がかみしめられること、にあると指摘している。

住田正樹は、青年を対象としたアンケートを参照しつつ、「居場所」と感じる様態として四つの感情群が存在することを指摘している。[3] ①「ほっとする」「くつろげる」という安心感、②「自分のことを気にかけてくれる」「自分のことを温かく受け入れてくれる」という受容感、③「連帯感を感じる」「価値観を共有できる」という価値観の共有、④「自分が必要とされている」「自分が何かしら役に立てている感じがする」という役割期待感、この四つである。彼は、これらの感情群のなかから、役割学習期に位置する子どもは他者から必要とされるほどの明確な役割期待を持たないという理由にもとづき、まず四つめの「役割期待感」を、そして、児童期は自己の関心に埋没している時期にあたり、他者の持つ価値観に対して感受性が鈍いという理由から、三つめの「価値観の共有」をのぞく。住田によれば、子どもにとっての「居場所」とは、子どもたちが「安心感」と「受容感」を感じる空間だととらえられる。

役割期待感や価値観に関する増山・住田両者の位置づけ方の違いにみられるように、「居場所」という用語には、現在もなお多義的な意味が残されているが、その一方で、共通に指摘されている点も確認できる。それは他者との関係性、特に他者からの受容や肯定が存在する空間という点である。つまり、ありのままの自分を受け入れてくれる他者との関係性が発生・成立している空間を

「居場所」ととらえる、という点では共通しているのである。

「居場所づくり」という言葉には、ありのままの自分が受け入れられる他者との関係性を回復する、という問題意識が内在することになる。「居場所」という言葉が教育や福祉の分野において市民権を得るにいたった一九九〇年代以降、子どもの発達や成長に関連する分野では、ありのままの自分を受け入れてくれる他者との関係性の喪失とその回復が大きな社会的課題となった。「居場所」概念には、そうした物語が込められていたのである。実際、一九九〇年代以降、子どもや青年の「居場所づくり」は大きな課題として意識的に取り上げられるようになった。学校教育の分野においては、保健室やフリースクールの意義が、学校教育外では「ゆう杉並」「佐倉ヤングプラザ」などの先進的な事例、あるいはネットやコンビニ、道草、駄菓子屋などの意義が論じられてきた。

こうした変化を佐藤一子は次のような課題としてとらえている。「子どもの居場所は子どもたちが能動的に集まり、群れて心身を解放し、自治的・創造的に企てをおこなう時間という本来の意味よりも、保健室や不登校のサポート施設のように、受容され、安心できる緊急避難の場、疲労を癒すために心のケアが求められる場所という意味あいが強くなっている。……他者と共にあること、関係を結ぶこと自体が、大人の配慮によって獲得されるべき現代的課題となっているのである」(4)。

佐藤が指摘するように、子どもたちの「居場所」は一九七〇年代頃まで、子どもたち自身が自ら創りだすものであった。たとえば、その典型は子どもたちの遊びの場にみることができた。宮原洋一が『もう一つの学校』において遺しているように、子どもたちは空き地では野球、道路や路地ではメンコやベーゴマ、工事現場や資材置き場では基地づくり、軒先ではママゴト、小川ではザリガニ取りと、さまざまな場所でその場にあった遊びを、群れによって楽しんでいた。[5] 子どもたちの時間の感覚は「時計」ではなく、「腹時計」や「日暮時計」にもとづくものであり、夕暮れが訪れ、お腹が空いてくると、遊び仲間がひとり欠け、ふたり減っていき、遊びは、さながら潮が引くように自然に終わっていくものであった。

ガキ大将を中心とする群れは、子どもたちだけの自前の集団であり、そこには村山士郎が指摘する「身体的ぶっつけ合いの安心と心地よさ」などの子ども集団ならではの関係性が存在した。[6] 子どもたちは、そうした遊び集団のなかにそもそもの「居場所」を見出し、浸っていたのである。

しかし、そうした「居場所」としての遊び集団は、一九八〇年代前後を境に消え去っていく。高速道路や新幹線の整備、宅地開発に代表されるように、一九七〇年代以降、全国各地で進んだ土地・地域開発は、子どもたちの遊び場を空き地や道路・路地から整備された公園や商業施設へと移しかえていった。[7] また、学校での「落ちこぼれ」問題や受験競争の激化などを契機に、放課後には習い事や塾通いが急速に増え、子どもたちの時間感覚も「腹時計」や「日暮時計」から「時計」にもとづくものに代わっていき、子どもたちがかつて遊びのなかに満喫した解放感や充実感を伴う「動く（ゆるぐ）時間」は失われていった。[8] 宮原によれば、この頃から遊び仲間をなくした子どもの所在なげな、公園やゲームセンターにたむろする姿がみられるようになったという。

遊び仲間の喪失状態は、その後も変わることなく、現在まで続いている。ベネッセの調査によれば、すでに二〇〇二年時点で、ある放課後、友達と遊んだ子どもの割合は男子五一％、女子三六・八％と、およそ半数の子どもたちしか遊んでいない。(9) 子どもたちは遊びたくないと思っているわけではない。子どもたちが友だちと遊べない理由の一つは、習い事や学習塾にある。毎日、約半数の子どもたちが習い事や学習塾に通う状況のもとでは、子どもたち自身が遊びたいと思っていても、その相手を探すことが難しくなっているのである。

宮原が写真におさめた遊びの風景の消滅は、「居場所」という言葉が生まれ、やがて「居場所づくり」という問題意識が広まっていく時間の流れと軌を一にするといえる。したがって、「居場所づくり」とは、佐藤が指摘したように、元来遊び集団のなかで子どもたちが自然と築きあげてきた関係性が失われた今日、それをどのように築き直すのかという課題、つまり「再生」の課題を私たちに提起するものなのである。

学童保育は、その誕生当初から、子どもたちが放課後の時間を過ごす「生活の場」であることを目指してきた。家庭がそうであるように、「生活」という言葉には「拠点」や「拠り所」といった意味が含まれており、その意味で、学童保育はその出発時点から、子どもたちの放課後の「居場所」を創りだそうとしてきたといってよい。

問題なのは、学童保育が誕生した頃と今日では、子どもたちに保障しなければならない「生活」が、すっかりといってよいほどに、変化してきていることにある。学童保育創生期の「カギっ子」「保育に欠ける」という言葉が示しているように、再生型の「居場所づくり」が課題になる以前の学童保育では、共働き家庭の子どもたちに「生活の場」を保障することが第一の課題となっていた。だが、「居場所づくり」というテーマが自覚的に学童保育で問われるようになって以降、その基本的役割であった「生活の場づくり」「生活保障」という課題は、量・質ともに、その内容・姿を変えざるをえなくなる。「居場所としての生活の場」は学童保育に通う子どもたちだけの問題ではなく、すべての子どもたちの問題となった。「子どもの生活保障」という問題は、「居場所」を失った子どもたちの生活のなかに「居場所」を取り戻すこと、換言すると、子どもたちの成長と発達を支え、促す源泉となる生活の回復という課題となった。さしあたり放課後時間に限ったとしても、「居場所の再生・再建、再発見・創造」は「学童っ子」に限らず、すべての子どもたちの成長・発達に関わる課題になってきたのである。

これを逆にいうと、「生活の場」であることを目指してきた学童保育実践にも、いま変化・発展が求められている。そこでここでは、これまで学童保育実践が、子どもたちに保障しようとした「生活」とは何であったのかをふりかえり、学童保育実践が追求してきた「生活づくり」の内実を評価しつつ、いま、私たち大人が子どもたちに保障しなければならない「生活」のあり方とは何か、を探っていきたいと思う。

2　学童保育実践の固有性としての「生活づくり」の誕生と発展

(1)　保育内容としての「生活」の提唱と確立

学校、児童館、地域のこども会活動、スポーツ少年団、児童養護施設など、学齢期の子どもたちの成長・発達を支える場は、数多くある。そうしたさまざまな場のなかで学童保育が果たす固有の役割とは何なのか。誕生から半世紀以上が経つなかで、一貫して学童保育が果たそうとしてきたことは、子どもたちに放課後の「生活の場」を提供することであった。学童保育指導員たちは、自らの実践を「生活づくり」と呼び、それを今日まで継承し、発展させてきた。

野中賢治によると「生活づくり」という言葉が、学童保育実践の内容を表わす意味で用いられるようになったのは、一九七八年の『学童保育年報Ⅰ』においてであるという。[10] 全国学童保育連絡協議会によって創刊された年報のなかで、「生活づくり」という言葉は、「学童保育は異年齢の子どもたちの生活づくりをとおして発達を促す場となる」「学童保育は子どもたちの『生活づくり』をとおしてこれ（目指す子ども像）に迫っていく」と使用されている。[11] その後、一九八〇年の全国学童保育研究集会において「生活づくり」は、学童保育の指導内容を表わす分科会の総称として用いられ、一九八〇年代から九〇年代にかけて学童保育実践固有の言葉として徐々に広まり、定着してきた。

「生活」や「生活づくり」という言葉に着目し、一九八〇年代までの学童保育実践の歴史を紐解いていくと、これらの言葉には、少なくとも二つの意味が込められていたと考えられる。一つは「生活」に、もう一つは「づくり」という言葉のなかに含蓄されてきたものである。

まず「生活」という言葉には、学童保育実践として営まれる活動を指し示す意味が込められてきた。学校という場が、教科学習を中心にした活動を通して子どもたちの成長・発達を支えるとすれば、学童保育は「生活」を中心とする活動を媒介に子どもたちの成長・発達を支える場としてとらえられてきた。つまり、「生活」という言葉には、「生活の場」として学童保育空間を位置づける意味と同時に、保育内容としての「生活」を強調する意味が込められてきたのである。

こうした意味づけは、実は、学童保育が誕生した時点からすでに存在した。たとえば、学童保育の実践記録としてはかなり初期の、一九六六年に発刊された『学童保育物語』がある。東京都の葛飾区の青戸学童保育所の父母と指導員の奮闘を記したものであるが、この記録のなかに一九六三年に制定された「青戸学童保育所の指導指針」がのこっている。そこには「よく学び、よく遊ぶという生活を通して、随時に指導されるべき」と学童保育の指導方針が示されている。[12]また、その一年後に作成された「東京都の学童保育指導要領」案では、「余暇指導・生活指導・学習指導」という三領域が学童保育の指導内容として提案されている。[13]一九六〇年代は、学童保育が各地域で点在的に生まれてきた時代であり、学童保育そのもののあり方はまだ模索のなかにあった。そうしたなかでも、遊びを中心とする子どもたちの生活を軸に、学童保育の保育内容を創りあげようとしていたことに「生活」の息吹を感じ取ることができる。

一九七〇年代になると、「生活」は学童保育実践に固有な内容として明確に位置づけられる。たとえば、一九七四年に創刊された月刊誌『日本の学童ほいく』には、創刊号からそうしたとらえ方が数多く登場する。丸木政臣は「放課後はすくなくとも学校教育からは解放してやり、遊びや創造的活動を友だちといっしょの集団のなかで取組み、民主的な人格形成に欠かせない、生活のなかの学習を、十分に体験させるんだという考え方に立つべきでしょう」と述べ、遊びや創造活動といった「生活」を中心に学童保育実践を創りあげていく必要性を説いている。(14)

また、大塚達夫と西元昭夫は、一九七五年に著した『学童保育』のなかで学童保育を「子どもらしい生活ができる場」「生活の拠点」と位置づけ、各地で発行されている機関誌に掲載された実践記録を整理し、学童保育が保障するべき保育内容として五領域の活動を提案している。(15) それは「あそびをゆたかにする活動」「飼育や栽培など素朴な生産活動」「子どもたちがとりくむ創造と鑑賞活動」「みんなの力でとりくむ『行事づくり』の活動」「生活に必要な習慣や市民道徳を身につける活動」の五領域であるが、ここで提案された保育内容は、現在の学童保育のそれに共通する点が多い。(16) 保育内容としての「生活」という意味では、一九七〇年代の時点でその基本的な枠組みは、ほぼ確立していたと考えられる。

この当時の学童保育での生活の様子が綴られている単行本として一九七〇年に刊行された『あめんぼクラブの子どもたち』がある。この単行本は、五領域の保育内容を提案した大塚達夫が、自分の娘が通っていた学童保育の記録として編んだものである。大塚自身は、高度経済成長期の真っただ中にあった時代状況を見つめ、子どもたちの「たまり場」や「生活の拠点」が失われていく様子に警鐘をならしている。しかし、あめんぼクラブの実践を読むと、この当時の子どもたちは、まだ仲間とつながる力、遊びを創造する力など、今の子どもたちが喪失した力を持っていたことがうかがわれる。

たとえば、雨や雪が続いた冬のある日、「クラブのなかにあるものは、みんな私たちのものよ。……使いたかったら、好きなようにつかってもいいわよ」という指導員の一言をきっかけに、「ほんとう?」と子どもたちは目を輝かせ、さまざまなごっこ遊びを始めだす。たとえば、レストランごっこの模様が次のように綴られている。「(指導員が)そっと、部屋に入ってみた。『いらっしゃいませ。』ととたんに声がかかる。そこには、机があって、本箱をたてたレジだった。教室のなかは、すっかり模様が代わり、大レストランになっている。真中に机をよせ集めて、白い布がかけてある。紙テープと、チリ紙でつくった造花が花ビンに入っていた。一年生がお客さまだろうか、椅子にチョンとかけていた。ウェートレスもいれば、マネージャーもいる。奥が厨房らしい、男の子が紙でつくったコックぼうしをかぶって、雪をかきまぜていた。板戸にはテープでかざりがついている」(17)。そうした大々的なレストラン遊びが、三時間にもわたり続けられていたという。

ここには、仲間と共に創造力を駆使し、遊びを楽しむ子どもたちの生き生きした姿がある。だが他方で、今日のように遊びを指導する指導員の姿は見られない。つまり、ごっこ遊びをする空間と道具が用意されれば、子どもたちは自らの力で遊びきることができたのである。遊びを始めとする子どもたちの「生活」がバランスを失いつつあった当時、子どもたちの「生活」のあるべき姿を構想し、それを学童保育の「生活」として取り入れる。そのことによって子どもたちの生活を保障しようとしたのが、この時代の「生活づくり」であった。

(2) 「生活の組織化」としての「生活づくり」の提唱

学童保育を子どもたちの「生活の拠点」と位置づけ、そこにおける保育内容を「生活」に即して構想していった時期が一九七〇年代だとすれば、つづく一九八〇年代は「生活づくり」が指導員の指導論として展開され始めた時期であった。「生活づくり」の「づくり」という言葉には、学童保育に通っている子どもたちを生活の主体とみなす意識が込められている。子どもを生活主体とみなすことは、主体者である子どもたち自身が生活を創りあげていくこと、これを保育実践の核に据えるということを意味する。そのため、学童保育実践では指導員が何らかの生活活動を用意し、子どもたちに提供するのではなく、子どもと指導員が共に「生活」を創りだすことが重視されてきた。たとえば、学童保育の生活において欠かせないものの一つに、おやつがある。学童保育では、おいしいおやつを指導員が買ってきて与えることよりも、子どもたち自身が食べたいおやつを選んだり作ること、おやつを食べる時間をいつにするのか、誰とおやつを食べるのかなどを、子どもたち自身が指導員と相談しながら、決定していくことが大切にされてきた。指導員が用意した生活のなかで子どもたちが過ごすのではなく、生活の主体者として学童保育の生活に関与すること、「生活づくり」の「づくり」という言葉にはこの意味が込められてきたのである。

子どもを生活主体として位置づけることは、「生活」と同様に、学童保育が誕生した頃からすでに意識されていたことであった。たとえば、大阪ではすでに一九七〇年に、学童保育指導員の集まりである指導員部会が結成されており、そこで実践検討が行なわれていた。月に一度行なわれる実践検討会のなかで、ある指導員は自らの指導内容を点検する視点として「生活やあそびのなかで子どもの主体を重んじたのか」「生活やあそびのなかで子どもは何を得たのか」などを提起していたことが記録にのこされている。[18] こうした指導員の言葉のなかに、生活主体として子どもをとらえなおそうとする意識の萌芽をみてとることができる。

ただ、生活の享受者ではなく、主体者として子どもを位置づけることの意味が問われ、意識的に実践が行なわれるようになったのは、「生活づくり」が指導論として展開される一九八〇年代になってからのことであった。その嚆矢となったのは一九八三年の『燃える放課後』である。大阪の指導員と研究者が共同で刊行したこの著書のなかで高浜介二は、指導員と子どもの関係を「教育関係」と位置づけ、「この教育関係には二つの主体（指導員と子ども）があり、一方の主体的努力だけでは、教育関係を好ましい、成果のあがるものに仕上げることはできません」と指摘している。[19] 高浜によれば、指導員の側の主体性とは「このことはどうしても子どもたちの身につけさせてやりたいというはっきりした課題意識や、熱意とともに、身につけてやるための工夫……子どもたちの現状を理解したうえで、課題の遂行に参加させる、熱中させる、取り組ませるといった組織化」を指し、他方、子どもの主体性とは「教えられるもの、提供された課題を学び取り、やりとげてみようという意欲や積極性、能動性さらにはやりとげる意志力が組織化されていること」を指す[20]。

高浜の指摘にしたがえば、学童保育実践における指導とは、指導員が提案した課題や活動に対して子どもたちが自らの力でやり遂げようとする「主体的努力」を引き出すことであった。彼は、そうした指導を「生活の組織化」と呼んだ。つまり、学童保育実践における指導とは、子どもたちの成長・発達にふさわしい課題を含むさまざまな生活活動を保育内容として提案すると同時に、子どもたちの欲求や願いを組織化することで、そうした活動に対する主体的な参加を子どもたちから引き出すこととされたのである。それは指導員の指導性と子どもの主体性の関係を明らかにすることで、子どもを指導の客体として操作対象化するのでもなく、子どもの主体性を無限定に強調するのでもない指導論を提起するものであった。

「生活の組織化」として示される学童保育実践の指導論は、『燃える放課後』のなかに編まれている札内敏郎実践のなかにその実例をみることができる[21]。「遊びの教室」実践として札内は、竹馬やこま、けん玉の取り組みを報告している。たとえば、学童保育で竹馬に初めて取り組む際、札内は、子どもたちの意欲を引き出し、共同で竹馬に取り組むために、いくつかの意図的な働きかけを行なっている。まず札内は、どんな遊びにもすぐ興味を示す、遊びのリーダー的存在であった尾上君と宏ちゃんを励まし、コーチする。その結果、二人は、竹馬に粘り強く挑戦し、やがて乗れるようになる。そんな二人を見て、当初は竹馬に興味を示さなかった子どもたちも、やがて竹馬に挑みはじめ、リーダー・班長会議では全員一致で「竹馬教室をやろう」ということになる。ここに子どもたちの意欲を引き出し、組織化する指導の一例を見出すことができる。

その後の「竹馬教室」でも、こうした指導が続いていくのを見ることができる。「竹馬教室」のなかで札内は、一人ひとりに到達目標を設定させ、どの班が一番早く全員の目標を達成できるのか、斑競争を導入する。しかも斑競争には、もう一つ仕掛けが仕組まれていた。誰かが三級以上にあがるためには、斑の全員が八級以上に到達していることを条件にしたのである。こうした働きかけによって、札内は斑内での教え合い、励まし合いを組織しようとした。

竹馬に関わる実践が示すように、札内は自らの積極的な働きかけを通じて、子どもたちの遊び集団や生活集団を生みだそうとしている。そのことは、彼が「遊びの教室」に込めた思いのなかにも確認できる。札内によれば、その目的は「子ども集団を遊びの教室がなくても、遊びの教室のなかでその遊びを子どもたちが他の子どもたちへと伝承し、遊びの世界を豊かに創造していくことのできる自立した異年齢の集団へと育てていくための、基礎づくり」にある。(22)

この札内の実践的な課題意識のなかに、一九七〇年代とは違った八〇年代の子どもたちの生活状況を読み取ることができる。札内が示したように、一九八〇年代には、子どもたちは遊び場と遊ぶ時間そのものを生活のなかに失い、もはや自前で自らの遊び集団を創りだすことが難しくなっていたのである。「遊びの教室」として展開された札内の指導は、そうした子どもたちに遊びの面白さや集団で遊ぶ楽しさを経験させ、それをもとに遊びの世界を豊かに創造できる自前の遊び集団を作りあげられるようになるための基礎づくりだったのである。

いまや大人の助けなしには、自前の遊び集団や生活集団を子どもたちは創ることができない。「生活の組織化」とは、そうした子どもたちの生活状況に対応して生みだされた学童保育実践だったといってよい。したがって、端的にいって、指導員の指導によって子どもたちの遊び集団や生活集団の再構築を目指す、それが一九八〇年代の「生活づくり」に組み込まれた意味だったのである。

3 「居場所づくり」としての学童保育実践の登場

「居場所づくり」を現代的な意味におけるテーマととらえ、学童保育実践の課題として早い段階で引き取ったのは、久田敏彦であろう。久田はまず「居場所」を「関係性（関係の質）によって規定される自己確証を実感できる場」、「あてにされたり、認められたり、支えられたり、励まされたりする」場としてとらえる。[23]『学童保育の生活と指導』（一九九三年刊）のなかで彼は、この「場」を「主体－主体」関係にもとづく指導によって生みだす必要性を提起した。

こうした久田の先駆的な課題提起に並行して、一九九〇年代になると、指導員の実践経験のなかから、自覚的に「居場所」づくりの課題、特にありのままの自分を受け入れてくれる他者との関係性を回復していく課題が提起されてくる。その最も典型的な例は、片山恵子の実践にみることができる。片山が『ぶつかりながらおおきくなあれ』（一九九三年刊）のなかで何よりも強調していることは、子どもが「どんな状態であろうが、それを事実と認め、そこから出発する」こと、「子どもの心の痛みを受けとめてやること、子どもを認め、子どもの気持ちに寄り沿ってやること」、すなわち指導員が「子どもを丸ごと受けとめる」ことの大切さである。[24]

片山の著書に解説を書いた田中孝彦は、片山の子ども観を次のように指摘している。「それは『否定的』に見える子どもの言動の奥に、子どもの内面の感情の葛藤を見、人間的交わりを求める欲求を見るということではないか」と。[25] この田中の指摘から窺えるように、片山は指導員が子どもを見る眼を問題とし、指導員が子どもに接するうえで、まず大切にしなければならないこととして受容的・共感的なまなざしを強調した。

片山の実践の特徴は、一九八〇年代に現われた「生活の組織化」という「生活づくり」実践と比較してみると、より一層浮き彫りになる。「生活の組織化」として展開された「生活づくり」実践は、子どもたちの意欲や欲求を引き出し、組織化することで子どもたちの「主体的努力」を促すという主張が物語るように、指導員サイドからの子どもへの働きかけ、すなわち指導を強調するものであった。これに対して片山実践は、子どもサイドからの発信を重視し、「子どもを丸ごと受けとめる」ことの大切さを強調する。その指導実践上の課題は、子どもに対する指導員のまなざしや子どもの受け止め方、すなわち指導員と子どもとの関係性のあり方におかれる。

このような強調点の違いが示すように、片山実践は、「生活の組織化」という「生活づくり」とは明らかに異なる学童保育実践を志向するものであった。事実、片山は、後に企画された座談会において、当時のことを振り返り、『日本の学童ほいく』などに紹介されていた学童保育実践に違和感を抱いていたと述べている。(26) 片山が「生活の組織化」とは異なる方向で学童保育実践を志向した理由は、片山実践が行なわれた時代状況にあったと考えられる。すでに指摘したように、片山実践が進められた一九九〇年代前後は、「居場所づくり」という課題が社会的に認知されてきた時代、すなわち、ありのままの自分を受け入れてくれる他者との関係性の回復が社会的な課題となった時代であった。片山実践は、この「居場所づくり」という新たな課題に呼応することで、学童保育実践に新たな問題を投げかけた先駆的な実践だったのである。

こうして「居場所づくり」を自らの課題として引き受ける学童保育実践の扉が、一九九〇年代初頭に開かれることになる。この趨勢は一九九〇年代を通じて、学童保育実践のなかに定着していった。その足跡は、たとえば、学童保育の法制化をふまえ一九九八年に刊行された『シリーズ学童保育』(全五巻)のなかに確かめることができる。シリーズの第一巻総論編のタイトルが「子どもたちの居場所」と銘打たれているように、この全五巻に渡るシリーズのなかでは、「居場所」という言葉が、キーワードの一つとして、これまでになく多用されている。

このシリーズの編集委員会の代表を務めた村山士郎は、第一巻の「はじめに」において次のように述べている。「地域の異年齢集団が解体し、子どもたちの遊びがゲームやテレビに支配され、子どもたちが労働や家事のにない手でなくなる状況が一般化してかなりの年月がたっています。その子ども時代の宝物を失いかけている現代の子どもたちに、あらためて『生活の場』としての居場所づくりが着意されつつあります」と。

こうした着想にもとづき、このシリーズには、「居場所づくり」としての学童保育実践が多く掲載された。第一巻の第三章に収められた「学童保育を『だいぶ好き』になってくれてありがとう」と題した山本実践、第二巻第二章の「居場所の意味を問い続けながら—認め、認められる関係のなかで」と題した牧実践は、その典型的な報告である。これらの報告が、共通して課題ととらえていることは、片山実践と同様、たとえ否定的・問題的な行動や言動を子どもたちが示そうとも、指導員はそのなかに人間的な交わりを求める欲求を見出し、それを共感的に受けとめることの大切さであった。

これらの例にみるように、一九九〇年代に登場した「居場所づくり」としての実践は、一九七〇年代とも、一九八〇年代とも異なるかたちで、学童保育において子どもたちの生活を保障していく課題を提起するものであった。それは、あるべき「生活」を保育内容として提案するでもなく、指導を通した自前の子ども集団の取り戻しでもない、「安心」「共感」「受容」を核とする他者との関係づくりであり、生活の回復というよりは、むしろ人間性の回復と表現した方がよいものであった。つまり、一九九〇年代以降、「生活づくり」実践に求められるようになったのは、人間性の回復という子どもたちの生活を支える土台部分の保障であった。

4　新たな「生活づくり」を目指して――「生活の組織化」と「居場所づくり」の統一

一九八〇年代に提起された「生活の組織化」と一九九〇年代に登場する「居場所づくり」は、その実践課題のとらえ方の違いから、しばしば対立するものとして理解されてきた。たとえば、学童保育専門性研究会発行の『学童保育研究』第六巻のなかには、次のような記述を見いだすことができる。「こうした一人ひとりの子どもを受け止めていく学童保育の内容づくりが、集団づくりと相反するようにとらえられている場合があり、学童保育の『集団づくり』ということが、子どもを画一的にとらえているのではないかと、入口から討論できない問題もある(27)」。

しかし、「生活」という言葉のなかに「拠点」や「拠り所」といった「居場所」に通じる意味が含まれているように、「生活の組織化」と「居場所づくり」とは、本来、対立するものではない。実践像の違いは存在するが、両者がねらうところは子どもたちの「生活」を保障することであり、生活が持つ教育力を取り戻すことにある。したがって今日の学童保育実践の課題の一つは、両者を「生活づくり」という実践論のなかで統一的に関係づけることにあると考えられる。最後に、そうした新たな「生活づくり」に向けての展望と課題を提示しておきたい。

一つめは、学童保育実践の保育内容に関わる課題である。すでに述べたように、学童保育実践の保育内容の基礎的な枠組は、一九七〇年代に示され、それが今日にまで継承されている。たとえば、遊びであれば、多くの学童保育においてコマやけん玉、Sけんや王さん取りなど伝統的な遊びが行なわれている。これまでの多くの実践が示すように、こうした遊びは現在においても子どもたちを引きつけるものである。しかし、その一方で、現実の子どもたちの生活は消費文化に浸食され、その結果、子どもたちの遊びの世界は商品化された遊びによって席巻されている[28]。つまり、学童保育の保育内容としての遊びと子どもたちが現実生活のなかで親しんでいる遊びの世界は、年々、接点を失っていっている現実があるのである。

この接点をいかに確保し、商品化された遊びの世界や消費文化に侵された生活世界を脱構築し、遊びや生活世界を豊かなものにしていくのかが、学童保育実践の一つの課題である。山本敏郎は「発達財」という考え方を提唱することで、この接点について次のような重要な提案を行なっている。「われわれは〈いい文化〉を再定義しなければならない。文化のよさはそれが専門家や愛好家たちに高い評価を与えられているという意味でのよさではなくて、子どもの育ちにとってのよさでなければならない。つまり〈いい文化〉とは子どもの発達にとって〈いい文化〉である[29]」。そして、「子どもたちの潜在的な力を引き出す力をもった文化」を「発達財」と呼んでいる。山本が指摘するように、コマやけん玉といった遊びは、商品化されていない伝統的な文化であるがゆえに、子どもたちにとって「いい文化」なのではない。コマやけん玉遊びの経験が、子どもたちから成長や発達を引き出すからこそ、それは「いい文化」なのである。「発達財」という視点から、今改めて学童保育の保育内容を考える必要があるだろう。

二つめは、学童保育実践の指導論に関わる課題である。子どもの意欲や欲求を引き出し、組織化するという一九八〇年代に提唱された「生活の組織化」は、子どもたちから応答を引き出すこと、つまり子どものなかに存在する「育ちたい」という思いを引き出す働きかけを指導概念として位置づけ、指導員の指導性と子どもの主体性の関係を的確に表わした点において重要な提起であった。

しかし近年、久田が指摘するように、それは、ともすれば指導員の意図に沿う限りにおいてのみ、子どもの主体性を認めるという実践を導く可能性を抱えるものでもあった[30]。たとえば、「生活の組織化」にもとづく学童保育実践では、子どもたちの意欲や欲求を掘り起こし、組織化するために、指導員からさまざまな働きかけや提案が行なわれる。そうした働きかけに対して、子どもたちが拒否の姿勢を示した時、指導の目標や内容が省みられずに、あの手この手と方法のみが変えられるならば、それは指導員からの一方向的な指導となりかねないのである。

久田によれば、子どもを主体として位置づける指導論を展開するためには、子どもとの合意形成が不可欠であるという。指導員と子どもが共に学童保育の生活を創りだすという理念は、学童保育創生当初から掲げられていたことである。その理念に立ち返り、子どもを生活の共同創造者として実践への参加を保障していくためには、意見を聞く機会を設けるだけでなく、意見表明を行使する仕方も含め、参加そのものの指導を行なっていく必要があるだろう。

また、指導観を見直すために、増山が主張する「アニマシオン」「休息・余暇」という視点を学童保育実践のなかに取り入れることも大切であろう[31]。子どもの権利条約三一条では、文化的生活・

芸術への参加権とともに、休息権・余暇権、そして遊びの権利が認められている。休息権は、何もしないこと、何もしなくてよいことの大切さを、遊び権は「アニマシオン」、すなわち面白さ・楽しさ・歓びそのものを味わうことの大切さを子どもたちの権利として認めたものである。子どもたちの健やかな発達や成長のために必要なのは、成長や発達をねらった活動だけではなく、何もしないこと、価値を求めないこと、ワクワク・ドキドキする「楽しみ」や「喜び」そのものを味わうことも大切な経験なのである。そうした視点から、私たちの指導観そのものを見直す必要もあるだろう。

三つめは、「居場所づくり」に関わる課題である。すでに指摘したように、この問題は、現代的な課題であり、子どもたちの成長や発達、それを支える生活基盤の根本的な危機を反映したものである。それゆえ、「居場所づくり」は、学童保育実践の起点に位置づけられなければならない。

現在、この課題は理論的にはケア論として展開されている。[32] たとえば、船越勝は、現代の子どもたちは競争的な学校教育制度などに典型的に体現されているように「構造的暴力」にさらされているとする。[33] そのため、子どもたちは暴力によって傷つけられた被害者であると同時に、暴力の加害者にもなっており、いわば「暴力の連鎖の回路」に組み込まれている。そうした子どもたちに、まずもって必要なのが人間としてなされるべき配慮や気遣い、世話といったケアであると主張する。船越によれば、指導員は、たとえ否定的な行動であっても、まず傷つけられた子どもに人間として応答し続けることが大切となる。そうした人間的な気遣いや配慮にもとづくケア行為が続けられることで、傷つけられた子どもたちは指導員との間に信頼関係を築くことができるようになり、指導員の働きかけにも前向きな応答を返すようになる。また、傷つけられた子どもに対する、そうした指導員の働きかけ方が、他の子どものロール・モデルとなり、子ども集団のなかに「ケアと応答の関係」を実現することができると主張する。

「ケアと応答の関係」という船越の主張は、「居場所づくり」として指導員が子どもとどのように向き合うべきかを示すとともに、その関係をもとに、子ども同士の関係、すなわち子ども集団の関係を「ケアと応答」によってつないでいくという展望を示すものであり、「居場所づくり」という課題に対する学童保育実践の一つの到達点を示している。この船越の主張が示すように、「居場所づくり」は、指導員と子どもとの関係において完結するものではなく、他の子どもたちとの関係をも対象として営まれる必要がある。(34)

同時に、子どもたちの生活を保障していくためには、「居場所づくり」は必要条件ではあるが、必要十分条件というわけではないことも心にとどめておく必要があるだろう。「居場所づくり」に関わって増山が指摘するように、子どもたちの生活には「心のよりどころ」としての安心感と解放感だけでなく、「心のつながり」としての期待感と存在感、「心のはり」という意味での充実感や価値観が不可欠である。これらが経験できる場として学童保育を構想するためには、仲間と共に休息することや遊ぶことも保障されなくてはならない。

これまでの「生活づくり」を、以上のような三つの視点から問い直すことによって、学童保育における新たな「生活づくり」論が生まれてくることを期待したいと思う。

（1）「居場所」概念の登場の背景については、田中治彦編著『子ども・若者の居場所の構想』学陽書房、二〇〇一年および住田正樹編著『子どもたちの「居場所」と対人的世界の現在』九州大学出版、二〇〇三年を参照。
（2）増山均「学童保育を子どもたちの新しい居場所に」学童保育編集委員会編『シリーズ学童保育1　子どもたちの居場所』大月書店、一九九八年。
（3）住田正樹編著、前掲『子どもたちの「居場所」と対人的世界の現在』一〇二─一〇三頁。
（4）佐藤一子『子どもが育つ地域社会』東京大学出版会、二〇〇二年、七四頁。
（5）宮原洋一『もうひとつの学校─ここに子どもの声がする』新評論、二〇〇六年。この写真集には、一九六〇年代半ばの遊びの風景が収められている。
（6）村山士郎「子どもたちに心地よさの感覚の時空を」『教育』国土社、一九九七年四月号。
（7）子どもたちの遊び場の歴史的変化については、仙田満『子どもとあそび─環境建築家の眼』岩波新書、一九九二年を参照。仙田は、一九六〇年代に起こった遊び空間の減少を第一の変化、一九八〇年代に起こった遊びの質の変化を第二の変化ととらえている。
（8）増山は「面白さ」や「楽しさ」を追求する「アニマシオン」の本質を伝える訳語として「動く（ゆるぐ）」を提案している。お祭りや太鼓の音を聞くと、ドキドキ、ワクワクし、子どもたちはいたたまれなくなり、駆け出したくなる。「動く」とは、そうした心情を表わす古語である。増山均「子どもの文化権とアニマシオン」佐藤一子・増山均編著『子どもの文化権と文化的参加』第一書林、一九九五年、四七頁。
（9）ベネッセ教育総研『モノグラフ小学生ナウ』vol. 21-3、二〇〇二年。
（10）野中賢治「学童保育の生活づくり」学童保育編集委員会編『シリーズ学童保育2　あそび、友だち、はじける生活』大月書店、一九九八年、二五─二七頁を参照。

(11) ( ) 内は、野中によるものである。
(12) 公文昭夫・今城ひろみ『学童保育物語』労働旬報社、一九六六年、四八―五一頁。
(13) 同右書、六二―六五頁。
(14) 丸木政臣「学校外教育のあり方」『日本の学童保育』全国学童保育連絡協議会、一九七四年六月号。
(15) 保育内容の五領域については、大塚達男・西元昭夫『学童保育―子どもに生き生きとした放課後を』新日本新書、一九七五年、八四―一〇四頁を参照。
(16) たとえば、一九九九年に発刊された『学童保育指導員ハンドブック』(大阪保育研究所編、草土文化)では、保育内容として「あそび」「仕事」「おやつづくり」「飼育・栽培」「表現活動」「行事」「学習活動」があげられている。
(17) 大塚達男編著『改訂 あめんぼクラブの子どもたち』一声社、一九七七年、八八頁。ただし、( ) 内は筆者によるものである。初版の『あめんぼクラブの子どもたち』は、一九七〇年に鳩の森書房から刊行されている。
(18) 横田昌子「大阪の学童保育のあゆみ」大阪保育研究所編『燃える放課後』あゆみ出版、一九八三年、一八九頁。
(19) 高浜介二「子ども集団の組織論」前掲『燃える放課後』一九五頁。
(20) 同右書、一九五頁。
(21) 以下の実践例は、札内敏郎「みんなでりえちゃん応援したろ」前掲『燃える放課後』を参照したものである。
(22) 同右書、一〇三頁。
(23) 久田敏彦「教育的関係の成立と指導概念」大阪保育研究所編『学童保育の生活と指導』一声社、一九九三年、六〇頁。
(24) 片山恵子『ぶつかりながら大きくなあれ』一声社、一九九三年、九九頁。ただし、子どもを受けとめること、寄り沿うことの大切さを片山自身に教えてくれた耕一母子に関わる実践は、『せんせいただいま』(埼玉の実践記録集編集委員会編、一声社、一九八五年）にすでに掲載されていることを考えると、一九八〇年代にすでに片山は「居場所」の大切さを理解し、「居場所づくり」という課題を意識していたともとらえられる。

(25) 田中孝彦「『ひとりひとりの子どもをよく知る』ということ」前掲『ぶつかりながら大きくなあれ』七頁。

(26) 「希望としての学童保育・座談会」学童保育編集委員会編『シリーズ学童保育5　希望としての学童保育』大月書店、一九九八年、一六一頁。垣内国光を司会とし、片山恵子、真田祐、二宮厚美、村山士郎、山本隆夫を参加者とする座談会のなかで、一九八〇年代半ばに「行事主義、活動主義、あるいは集団づくりの実践」から「一人ひとりを大事にする実践」への転換があったことが示唆されている。

(27) 竹内常一「『集団づくり』とはなにか―学童保育への問いかけ」学童保育指導員専門性研究会編『学童保育研究』第六号、かもがわ出版、二〇〇五年一一月号、九頁。引用の記述は、この号の編集企画案として竹内に提示されたものからの抜粋である。

(28) 商品化された遊びが子どもたちに与える影響については、多くの論者が言及しているが、さしあたり河崎道夫「遊びを豊かに―学童保育における遊びの理論と実際」田丸敏高・河崎道夫・浜谷直人編著『子どもの発達と学童保育』福村出版、二〇一一年や筒井愛知「子ども・若者の遊び空間」前掲『子ども・若者の居場所の構想』を参照。

(29) 山本敏郎「地域生活活動としての学童保育実践」学童保育指導員専門性研究会編『学童保育研究』第五号、かもがわ出版、二〇〇四年一一月号、一一四―一一五頁。同様の指摘は、増山均の論考の中にもみいだせる。前掲「子どもの文化権とアニマシオン」の中で、増山は文化や芸術を生活にひきつけて解釈する視点の重要性を示唆している。

(30) 久田敏彦「学童保育における指導員の指導性」学童保育指導員専門性研究会編『学童保育研究』第三号、かもがわ出版、二〇〇二年一一月号。

(31) 増山均、前掲「子どもの文化権とアニマシオン」を参照。
(32) 学童保育実践についてケア論の観点から言及しているものとしては、船越勝「いま求められる学童保育実践の課題」学童保育指導員専門性研究会編『学童保育研究』第六号、かもがわ出版、二〇〇五年一一月号、折出健二「学童保育実践の課題」学童保育指導員専門性研究会編『学童保育研究』第八号、かもがわ出版、二〇〇七年一一月号、中山芳一「いまこそ学童保育に『ケア』のつながりを」学童保育指導員専門性研究会編『学童保育研究』第九号、かもがわ出版、二〇〇八年一〇月号があげられる。
(33) 船越勝、前掲「いま求められる学童保育実践の課題」を参照。
(34) この点については片山も自らの実践をふり返りつつ、同様の指摘を行なっている。片山恵子『一筋縄ではいかないのです—学童保育指導員の仕事と役割』大月書店、二〇〇一年を参照。

第3章　指導員労働の実践と専門性

奥野隆一・中山芳一

第1節　指導員労働の専門性の課題

はじめに

学童保育所は、全国学童保育連絡協議会の調査によると二〇一一年現在二万〇二〇四か所、利用児童数八一万九六二二人である。指導員数は、同協議会によると二〇〇七年では約八万人とのことである。指導員の約七割は幼稚園教諭や保育士の資格を持ち仕事をしている[1]。指導員の公的資格制度はなく、教員関係や保育士の資格で代替している。資格の根拠の一つである専門性については、まだ明確になっていない。ただし一九九七年の児童福祉法改正により学童保育が児童福祉法に位置づけられ、第二種社会福祉事業として認められたことから指導員の地位や身分への関心が高まりだしたことも議論と研究を進める要因となった。さらに、二〇〇〇年の「学童保育指導員専門性研究会」の設立以降、専門性および資格に関する研究が進んでいる。第一節は、同研究会の研究成果を踏まえ、指導員労働について同研究会が蓄積してきた成果とこれまで論じられてきた指導員労働の専門性を整理したものである。

1　指導員の専門性研究の到達点

この間の専門性研究については、相互に関連した二つの方向で議論が進められてきた。一つは、学童保育運動との関連である。二つは、指導員の業務内容にそくした専門性の分析である。論者によっては、二つの方向を相互に関連して議論している場合もある。

(1)　二〇〇〇年以前の動向

一九九二年に美見昭光（当時、大阪学童保育連絡協議会会長経験者）が『総合社会福祉研究』（第五号、一九九二年一一月三〇日）に発表した「学童保育の発展と指導員の専門性および養成」が専門性に関する初期の包括的な論考である。美見は、学童保育を「一般性は福祉でありその独自性は教育である」と規定し、その専門性は以下の三点にまとめている。一つは「指導員は学童保育発展の担い手とし、全国的視野を持って地域での展開を図る働き手」である。二つは「指導（教育）の実践を蓄積し、指導内容を向上させるもの」である。三つは第一と第二の充実のうえにたって「地域のなかで福祉・教育のネットワークづくりの一翼を担うこと」である。第三の点について美見は、その理由を当時の事情に求めて、「学童保育は現実に地域の福祉や教育と関わりを持たざるを得なくなっているからである」としている。「福祉・教育のネットワーク」に関しては「地域において福祉や教育の担い手たちが連携し、福祉・教育の発展を目指して組織的に活動すること」と説明している。(2) 美見の定義は、一九七〇年代から八〇年代における学童保育が地域の福祉運動や教育運動のなかで一定の役割を果たしてきたことや指導員が地域の教育運動の担い手の一翼を担ってきた事実を反映した定義であり、いささか外形的であるが、広義の定義と言ってもよいであろう。

(2) 二〇〇〇年以降の専門性論

一方、松浦善満は学童保育を「学童保育の仕事が子どもの発達を基礎としたヒューマン・ワークス」であるとする視点にたち、そこから指導員の専門的能力を三点にまとめている。それは①子どもというクライエントに関わる技術（skill）と能力・指導力（ability）、②放課後の学童保育空間の活用、企画、構想力、③親とのコミュニケーション能力の三点である。この定義は、指導員が指導過程で発揮する能力の総体と言ってよいであろう。松浦は、専門性を狭義とした理由を「専門性の範囲を広げることによって、行政や地域社会との異論や齟齬、あるいは摩擦や対立が広がり、肝心の合意に支障をきたす」からだとし、さらに「子どもの現実と本格的に向き合うことによって『広義の専門性』について理解が広がるからだ……二〇坪の施設内の改革のみに仕事を限定することは、実践に見通しが生まれない要因になる」が「子どもの保育から真実をみつける姿勢抜きに父母や社会の合意も進まない」と論じている。(3) 松浦が狭義の規定をとった背景には、当時の学校現場の抱える問題があった。すなわち、学校では「非行・いじめ・不登校・低学力」など子ども問題に真摯に向き合った教育実践が求められており、それにこたえることが教師の専門性への国民の信頼を勝ち得ると考えられていたのだ。そこに教育運動の課題の一つがあったのである。とはいえ、教組の運動としては、教師の労働条件を優先する組合運動の流れもあり教育運動として一枚岩のまとまりをもちえない状況であった。松浦は、この問題状況を踏まえて指導員の専門性を狭義に規定することの積極的な意味を指摘したのだと考えられる。

重森暁は、美見と松浦の専門性規定に関する広狭両視点からの議論を踏まえ、そもそも指導員労働は社会的にどのような位置づけであるかを問うた。重森は「指導員の労働を公務労働の一つとみなし、学童保育指導員の労働は、経済社会の発展とそれによる家族や地域の変化によってもたらされた、新しいタイプの公的サービスの一つであり、福祉と教育の二つの機能を持ち、子どもたちおよびその両親たちの生活権・発達権を保障するための公務労働の一環である」と位置づけた。

彼の指導労働=公務労働説は、①狭義の専門性としての福祉・教育つまり保育援助や個別の子どもや家庭への援助を含めたもの、②広義の専門性としての地域における福祉・教育のネットワークづくりの担い手、③狭義と広義を包括する公務労働としての総合性という構造的説明となる。指導員の専門性に新たに公務労働の性格が加えられると、指導員は「福祉・教育労働者としての専門性を高めるだけでなく、地域における生活権・発達権を保障する公務労働者として総合性を身に着ける必要があり……指導員の総合的な力量を高めるには、地方自治や地方財政、地域経済やまちづくり等、広範な分野についての学習や経験が、これまで以上に求められる」ことになる。この延長線上で、指導員は公務労働の一翼をになって、「地域における固有の問題として文化的伝統に根差した子育て空間の再生」に取り組むことになる。重森説は、この根拠を指導員＝公務労働の視点から明らかにしたものである。(4)

2　二つの業務調査からみる専門性

一九九七年の児童福祉法改正による学童保育の法制化を含めた前後に大規模な学童保育指導員の専門性に関する二つの調査が実施された。いずれも指導員の業務に関する調査である。一つは、「タイムスタディによる業務分析」である。もう一つは、「判断の問われる場面と専門性」調査である。二つの調査は、指導員を対象にしたものであり、歴史上初めての調査であった。(5)

(1) 「タイムスタディによる業務分析」による仕事の構造

調査の目的は、指導員の業務をタイムスタディ法によって分析し、その特徴を明らかにするものである。この調査・分析によって指導員の専門的業務内容が明らかになるはずである。調査では六四項目を設定し、指導員に使用時間を記入してもらうかたちをとった。それを一六項目の業務に分類し、業務別時間（平均時間率）と頻度を整理した。調査結果の概要を記すと、平均時間率では、「遊び・文化活動の指導」（二四・八五％）、「個別児童の状態把握と指導方針の確立」（一八・〇三％）、「技能と労働条件の向上」（一四・二三％）、「生活活動の指導」（一一・三七％）、「保育準備」（一〇・二〇％）であった。一六業務を四類型別に整理し、平均時間率をみると「保育指導を支える」（四八・九四％）、「保育指導」（四八・三〇％）である。頻度をみると「子ども関係の指導」（〇・七六一）、「遊び・文化活動の指導」（〇・六八一）であった。これらの調査から指導員は、「遊び・文化活動の指導」を中核に、仕事を遂行するために「個別児童の状態把握と指導方針の確立」に多くの時間を使用していることがわかる。頻度でみると「子ども関係の指導」「遊び・文化活動保指導」が高い。大分類による四類型では「保育指導を支える」ことにかなりの時間を必要としている。「保育指導を支える」とは教材準備や環境整備を含めたものである。調査結果は、指導員の業務の中核は「遊び・文化活動の指導」から構成され、指導員は日々それを遂行するために「子ども関係の指導」を頻繁に行ないながら、保育を支える準備をしていることを示すものであった。

(2)「判断の問われる場面と専門性」

この調査は、一つの仮説にもとづいて実施されたものである。それは「指導員の判断や専門性が問われる多様な場面に着目し取り上げたのは指導員の専門性と呼ばれるものが、日々の学童保育実践で直面する具体的な場面の中に潜んでいるのではないかという仮説」である。指導員の判断が問われる場面としては六場面選定した。たとえば「遊びに入らない子どもへの対応」や「危険と思われる行動への対応」などである。六場面での対応や判断に影響を与える要因として、指導員の経験年数や年齢のちがいが働く。ほかに、指導員の資質についての考え方や指導員の資格化についての考え方の違いが判断や対応に影響を与えていることが明らかになった。指導員にとって最も必要と考えられる資質に関する項目では、「子どもたちの状態を冷静に観察できる」(四二・四%)、「子どもたちと友だちになれる」(一四・一%)、「子どもたちに生活上の指導ができる」(一四・一%)、「遊び方をたくさん知っている」(一一・〇%)という結果であった。経験年数および年齢の違いと資質の選択をみると、「年齢大経験小」の指導員は他の指導員にくらべて、とりわけ、「年齢小経験大」の指導員とくらべて「子どもを叱ることができる」という資質をあげる傾向がある。指導員の仕事を「生涯の仕事として続ける」と回答した指導員は、「時期を見て転職する」と回答した指導員に比べて「子どもを叱る」という資質を選択しない傾向にある。全体の傾向として経験があり、仕事の継続を選択した指導員ほど子どもの気持ちに沿った対応をする傾向があることが判明した。

二つの調査は、これまでの専門性の規定からいうと、①「狭義」の専門性を量的に明らかにしたものである。②「判断を問う調査」は、子どもの行動に対する指導員の対応のための判断基準がどこにあるかにより専門性を明らかにしようとしたものであり、指導員の資質に関わるものである。経験年数と仕事の継続意志の強い指導員は子どもとのかかわりでも子どもにそった対応をできる資質を向上させたいと思っている。これらの調査は、業務の量と質の両面から指導員の専門性を明らかにしようとしたものである。しかし、学童保育の仕事の中核と指導員の力量の一部が明らかになったにすぎない。

3　指導員労働の専門性の新たな展開

二宮厚美は、指導員の労働をコミュニケーション労働にその特徴があるとし、コミュニケーション労働の視点から専門性を論じている。コミュニケーション労働には「コミュニケーションのための道具や機械等の技術と、一人一人の指導員の中に蓄えられた技能というそれぞれ不可欠な二つの側面がある。重要なことはコミュニケーション労働では最後に何が残された専門性になるかということ……仕事の方法上の特質はコミュニケーションの技能」であり「言語的コミュニケーションを中心に据えながら、その上に言語だけでなく様々な交流・共同行動を通じた非言語的なコミュニケーションの世界を豊かに築いていく」ことのなかに専門性の発揮がある。そして、コミュニケーションで問われる力について指導労働の主体である指導員と発達ニーズの発信者である子どもたちがいる。相互の関係は、まず、子どもの発信があって、指導員はそれを受容する側にまわる。指導労働の主体は指導員だが、コミュニケーションの主体は子どもたちにある。指導員はコミュニケーション労働の担い手としては聞き上手でなければならないことにもなる。二宮は、指導員労働をコミュニケーション労働の視点から専門性を解明し、コミュニケーション労働を成立させ、充実させるための条件にも切り込んでいる。(6)

4　学童保育の機能と役割が生み出す新たな専門性

近年、学童保育の機能と役割に変化が生じてきている。学童保育に入所している子どもたちのなかに「広汎性発達障害」と診断された子どもや「発達障害」と思われる子どもたちが多く入所してくるようになった。障害とはいえないが、ストレスが高く、ちょっとしたことでキレたり、パニックになる子どもたちの入所も増えている。指導員には、発達障害や愛着障害などについて知識や対応力が求められることになった。

学童保育所に入所している子どもの保護者に目を転じてみれば、生活面で困難を抱えた家族や子育てを放棄する親、急激な家族崩壊など現代日本の縮図が現われる。指導員に生活のこと、経済的な援助のこと、家族関係の不安・不満などの相談を持ちかけるケースも増えている。指導員は、保護者の相談に対応する能力が求められているのである。

指導員労働の専門性の狭義の面では、学童保育生活を通した子どもの発達と生活を保障するだけでなく、家族に対する支援も必要になってきた。家族の安定なくして子どもは育たない。家族支援のためには、指導員がソーシャル・ワークの考え方、その知識や技法を身に着けなければならない。指導労働の専門性に新たにソーシャル・ワークを含めることが必要である。

子どもの世界では、学校教育における学力第一の競争主義の結果、塾や習い事が拡大している。放課後の生活は、学校とは切り離された子どもの自由な時間と空間である。いまや、放課後の生活が授業時間の増加や塾や習い事によって縮小し、「放課後の学校化」が進行している。地域社会でかつて存在した子ども文化も衰退している。

子どもの生活世界を立て直すために、学童保育指導員が培ってきた子ども文化が必要になっていることを物語っている。指導員労働には専門性として広義の意味で地域の子育て文化の創造者になり、地域における子どもに関わる諸組織と活動のコーディネーターとしての役割が期待されるのである。これも指導労働の専門性の新たな課題である。

（1） 全国保育団体連絡会・保育研究所編『保育白書２０１２年版』二〇一二年八月、九六頁。
（2） 美見昭光「学童保育の発展と指導員の専門性およびその養成」『総合社会福祉研究』第五号、総合社会福祉研究所、一九九二年、五三頁。

（3）松浦善満「学童保育指導員の仕事―問われる専門性」『シリーズ学童保育3　私は学童保育指導員』大月書店、一九九八年一〇月、一二〇頁。
（4）重森暁「新しいタイプの公務労働者としての学童保育指導員」同右『シリーズ学童保育3　私は学童保育指導員』一二七頁。
（5）植田章「業務調査による学童保育指導員の専門性の検証」『立命館産業社会論集』第四〇巻第一号、立命館産業社会学会、二〇〇四年六月、四七―七〇頁をもとに専門性に関わる点を紹介し意味づけた。
（6）二宮厚美「21世紀に生きる学童保育指導員―指導員の専門性を考える―」二宮厚美監修・大阪学童保育連絡協議会編『子ども時代を拓く学童保育』自治体研究社、二〇〇〇年一一月、一三―六四頁。

〔奥野隆一〕

第2節　多様な学童保育実践から見た指導員の専門性

1　多様な学童保育実践をとらえるための五つの枠組み

本節では、多様な学童保育実践を以下の五つの枠組みからとらえていくこととする。

第一の枠組みは、生活づくりである。これまでも学童保育は「生活と遊びの場」に位置づけられてきた。well-being を本質とする児童福祉から見ても、一人ひとりの子どもの生活保障に伴う幸福権の追求は学童保育実践の根幹といえる。また、子どもの発達権保障からみても、日常の生活のなかに根差した発達保障としての学童保育実践の役割は大きい(1)。

第二の枠組みは、遊びである。上述のとおり、あえて生活と遊びを並列的な関係としたとき、遊びの世界をいかに豊かにできるかは、これまでの学童保育実践のなかでも大きな位置づけとされてきた。遊びに関する学童保育実践とは、余暇権の保障や遊びの楽しさ（情動的側面）の促進、遊びに関する知識・技能の獲得、そして人間関係の構築などさまざまな観点からの言及がある(2)。

第三の枠組みは、取り組み・行事である。遊びが個々の子どもの自由な意思決定に基づいて繰り広げられるのに対して、取り組み・行事は、全体性・目的性が高い活動として位置づけられる。そして、実際の学童保育実践には、さまざまな取組み・行事が行なわれており、遊びと対比されながら、実践のあり方が問われている。(3)

第四の枠組みは、集団づくりである。集団づくりでは人間関係構築のプロセスが問われる。集団づくりとは決して統制的な関係を意味しているのではなく、生活および遊びの共同体における対等で民主的な関係を結ぶとともに、個々の子どもの人格形成過程に影響を与える関係構築を意味している。(4)

第五の枠組みは、保護者支援である。保護者支援とは、虐待等の養育環境に課題を抱える家庭への支援から、就労支援や日常的な子どもの発達課題に対する支援までがある。つまり、子どもの現状と保護者の存在と思いを受け止め、保護者が抱える課題に寄り添いながら子育てを支援することが求められている。(5)

以上の五つの枠組みを踏まえて、実際の実践事例から多様な学童保育実践から見える指導員の専門性に迫りたい。

2　実際の実践事例に基づいた検討

ここに二本の実践記録がある。一つ目は「私と子どもたちの学童保育―学童保育の生活における集団づくり―」(二〇〇八年)と題した実践記録であり、(6)二つ目は「集団づくり　はじめの一歩　自然の中でつながって」（二〇一〇年）と題した実践記録である。(7) いずれの実践記録も竹中久美子（当時、石川県）によって綴られたものである。竹中は、集団づくりへ強いこだわりを持ちながら、日々の学童保育実践に取り組んできた指導員である。

一つ目の実践記録では、当時五年生のあきらがクローズアップされている。あきらは自己中心的な行動が多く、自分の存在を誇示するために暴力を振るったり、意地の悪いことを言ったりするために、トラブルが続く。下級生からは怖い存在という印象を持たれ、上級生や指導員からは注意の対象となることが多かった。このような彼に対して、竹中がどのような実践を展開してきたのかを紹介しておきたい。

あきらが三年生の時のことだった。終わりの会でゆりこを泣かせたことが問題になる。終わりの会の前にあきらが床でゴロゴロしていると、背中にトゲのような木屑が刺さった。彼は、その木屑を偶然傍に通りかかったゆりこの足に刺してしまったことで彼女を泣かせてしまう。竹中は、あきらが衝動的にやってしまったことだと推察するが、普段から鬱憤がたまっているまわりの子どもたちから非難を浴びてしまう。

しかし、竹中の「(あきらは) どうしてしたのかな? どうしてしたくなったのかな」という問いをきっかけに、口々に子どもたちが思いを言葉にする。そして、当事者のゆりこから「あきらはじぶんとおなじようにトゲがささって『いたいなかま』をつくろうとしたんだ」という言葉が発せられたことで、子どもたちのあきら認識に変化が生まれた。一方のあきらは、この一連のやりとりを経て、自分から自然に「ゆりこ、ごめんな」と謝っていた。

この実践場面は、学童保育における生活づくりの一場面として位置づけられる。つまり、あきらによってゆりこやほかの子どもたちの生活に不安感を与えていたことがわかり、子どもたちの生活を護るためにこの不安な状況を改善することが指導員には求められていた。しかしそれは、あきらを単に「危険人物」として生活集団から排除することではない。なぜなら、あきらもまた生活共同体の一員だからである。これは、あきらも生活のなかで発達が保障され、人格を形成していく主体であることを意味する。だからこそ竹中は、終わりの会を通して、子どもたちに問いかけを行なったと考えられる。そこには、竹中が同じ生活共同体の一員として、あきらのことを子どもたちと共に考えていきたいという姿勢が貫かれていた。と同時に、子どもたちとの対等な関係を保ちながら、あきらの人格形成を支え、子どもたちのあきら認識の変化を導こうとした姿勢もうかがえる。

生活づくり実践では子どもたちの生活を護ることが前提であり、そのためには、指導員による生活共同体への関与が肝要である。竹中の実践からもわかるように、生活づくりでは生活共同体を担う一人ひとりの成員に目を向けなければならない。さらに、相互に共感的な関係を育むことも目指したい。だからこそ、指導員自らが生活共同体の一員となり、子どもたちと共に生活をつくり出す過程で、一人ひとりの子どもに変容を促すことが求められるのである。生活づくり実践と集団づくりとの関連性がここで見えてきた。

五年生になったあきらも、暴力的で自己中心的な行動は変わらない。終わりの会でも子どもたちから苦情の声が発せられる。しかし、あきらの方は謝ることさえなかなかできず、居直ったような態度を示していた。

そのようななか、新しいグループ決めをすることになったのだが、あきらの日頃の言動から、所属するグループについては定まらずにいた。そして、子どもたちからあきらに「暴力を振るわないこと」と「グループの仕事をすること」の二つの条件が出された。ところが、あきらは条件を守れないから「一人グループ」でいいと答える。

その後、一人グループを続けるあきらだった。学校からの帰り道には、学校のザリガニ池に寄り道して遊んで帰ることも増えてきていた。そのようななか、公園で人間将棋という遊びをしているときに、二年生のひろとを殴ってしまう事件があった。あきらに遊びで勝ったひろとが喜び、つい口から出た言葉にカッとなって殴ったとのことだった。そんなあきらと竹中はしばらく平行線のやりとりを続けるが、竹中の「でも、一人じゃ将棋もできなくなるけど、それでもいいの?」という問いかけに、あきらは珍しく黙り込んでしまうのだった。

竹中が、あきらの意志を尊重しながらかかわりを進めていることは、当時竹中の実践を分析した藤井啓之も指摘している。[8] あきらが「一人グループ」を選択できた理由もそこにあったと考えられる。同時に、藤井はあきらが一人グループに固執する状況に対して、指導員が子ども集団のグループ分けの意味を、決議・決定を含む基礎的集団づくりの面と居場所としての第一次集団づくりの面との両面から再検討することを示唆した。つまり指導員は、集団づくりが持つ多様な集団の側面からとらえた集団づくりを進めていかなければならない。

また、この実践場面からは遊びの持つ意味についても考えさせられる。最後の二人のやりとりから、あきらが他者と共に遊ぶことの面白さに興味を持ちはじめていることがうかがえる。実際にその後の実践記録には、一人遊びの多かったあきらが、集団遊びへ積極的に参加しようとする姿勢を示しはじめたことが綴られている。竹中は、あきらが集団遊びの面白さをわかってきたと付け加えた。情動的側面としての楽しさや面白さが遊びの世界を切り開き、遊びのなかで求められる技術・知識の獲得や人間関係の構築に向けた意欲の向上につながっている。渡辺弘純が論じたように、実践において指導員は、より一層遊びが面白くなるように援助しなければならないのである。[9] あきらのこの変化は、遊びを展開する実践が、集団づくりに連動することを物語るものである。

さて、二つ目の実践記録を紹介しよう。この実践記録は、竹中が別の学童保育所へ異動した直後からの実践であり、子どもとの関係もまだ築かれていないところから始まる。

竹中が新しい学童保育所へ移ってから二週間程が経過した。ある日、子どもたちの帰り道に脱ぎ捨てられた衣類等が散乱しており、近隣地域の子どもたちに不安感を与えていた。そこで竹中たちは、子どもたちの帰り道に付き添うことを決断する。

実際に帰り道に付き添ってみると、子どもたちの帰り方に危険があるとわかった。そのため、竹中は「歩き帰り集団」を子どもたちに提案する。さらに、その集団のなかでリーダーも決めることにした。ところが、リーダーとしての自覚を持てないでいる子どもやフラフラと歩く子どもたちの姿に直面する。

その後、次第に子どもの意識に変化が見え始める。子ども同士が関係を深めたり、リーダーとしての自覚を強めたり、道草をして自然に触れ合ったりという姿が見受けられた。また、新しい学童保育所の子どもと竹中の関係も帰り道を通じて親密になっていった。

この実践もまた子どもの生活場面から端を発したものである。竹中は子どもの生活を護ることに意識を向けた結果、指導員の引率と「歩き帰り集団」を行なう。この歩き帰り集団では、子どもたちは生活を護ってもらうだけでなく、自分たちで生活を護り合えるようになる。指導員がそのように働きかけるのである。この働きかけは、生活づくりを通じて、個々の子どもが生活共同体の一員として自ら生活を護り、また新たにつくり上げていく主体に成長すること、その過程に対する援助を意味する。

指導員は集団のリーダーとなる子どもをはじめ、集団を構成する子どもたちに働きかけていかなければならないのである。すなわち、集団づくりとしての実践も問われているのである。この生活づくりと集団づくりの実践により、リーダーとしての自覚を持てなかった子どもが自覚を持てるようになった。さらに、子どもと子ども、子どもと自然、子どもと指導員の関係を変容させるにいたった。このように、生活づくりと集団づくりの間に相互作用的な関連性を見出すことができる。

その後、竹中は年度が変わる節目に、四月から生活づくりの中心となる二年生たちにリーダーとはどんな存在なのかを実際の活動をとおして考え合おうと提案した。その提案を受けた子どもたちは、活動場所に崖登り（ロッククライミング）を選ぶ。

実際に挑戦してみると、途中で弱音を吐く子ども、その子を励ます子ども、場の雰囲気を一生懸命明るくしてくれる子ども、普段よりも一層逞しく見える子ども……など、いつもは見ることのない子どもたちの姿を垣間見ることができた。

そして、無事に崖登りを終えた後には、いつも威張っている子どもから「俺、怖かったんだ。俺、本当は恐がりなんだ」という言葉が出る。また、いつもは引っ込み思案な子どもが、この崖登りを契機にグループリーダーへ立候補するなどの姿が見受けられた。

ここでは、自由な遊びとは異なる取り組みが展開されている。というのも、この崖登りは対象が限定されている活動だからであり、指導員の提案から始まった活動だからである。先ほどの遊びとは異なり、取り組みや行事には、目標が明確に設定されている点が特徴的だろう。この実践では、竹中は子どもたちにリーダーとしての自覚を体験させ、その自覚を促すという目標を設定していた。

実際、この取り組みによって、子どもたちは普段見せることのない姿を見せ始めた。それが、指導員も含めた他者間の相互理解とともに子ども自身の自己理解まで深めることとなる。この現象を竹中自身が、子ども間に安心感が育まれ、ありのままの自分を表現することにつながったと考察している。

このような取り組みや行事も、学童保育実践のなかに位置づけられる。竹中の実践のように、取り組みや行事を豊かにするためには、目標を子どもたちと設定・共有することが重要である。そして、活動を進めていくうえでは、集団づくりの観点を持ちながら、子どもへの直接的な対応が求められる。これらの実践のプロセスがあるからこそ、子どもは活動後に自分自身を豊かにふり返ることができ、その一人ひとりの子どもや子ども間のふり返りを促すことも指導員の実践として求められるのである。

また、竹中の実践は保護者とのかかわりも含みこまれている。一つ目の実践記録では、あきらに対する学校での対応が彼の親を追い詰めてしまったことで、あきらの自信のなさを生じさせてしまったと竹中は指摘する。二つ目の実践記録では、竹中は崖登りの取り組みで見せた子どもたちのさまざまな姿を父母会の場で親に発信し、情報や感動を親と共有した。

このように、実践は指導員と子どものなかだけで完結するのではなく、保護者を視野に入れ、保護者との関係づくりをすすめることも求められるのである。つまり、指導員が子どもの成長・変化を保護者と共に追いかけるなかで、喜びなどの感情を共有することが、保護者のケアにつながるのである。これらの日常的な保護者とのかかわり（ケア）が、保護者支援としての実践に位置づけられることになる。ここでは具体的に紹介できないが、二つの実践記録のなかに登場する保護者と竹中のかかわりから、竹中が実際に保護者支援の役割を果たしてきたことを、付け加えておきたい。

3　多様な学童保育実践の担い手に求められる専門性

ここまで、竹中の実践記録をもとに、上述の五つの枠組みに基づく検討を行なった。その結果、特定の指導員と対象者による実践のなかで、生活づくり、遊び、取り組み・行事、集団づくり、保護者支援という多様な実践が連続的に展開していることがわかった。そして、それぞれの実践の枠組みごとに専門性が求められていることもわかった。

しかしながら、この多様な学童保育実践は、個別に枠組みごとの整理を行なっただけでは十分とはいえない。多様な実践の枠組みは、それぞれが乖離していては学童保育実践として成立しえないことがわかる。換言すれば、各枠組みに求められる専門性を高めながら、それぞれを相互に関連させ、相互作用のもとでその意味をつかみとることも指導員に求められている専門性の一つだと考えられる。これらを提起して、本節を括りたい。

なお、学童保育実践には、もう一つの枠組みとして地域福祉や地域協働の実践も挙げられる。この枠組みについては、第Ⅱ部第2章に譲ることとする。

（1）川合章「子どもの生活とは何か」『学童保育研究』第二号、かもがわ出版、二〇〇一年、六―一七頁。
（2）渡辺弘純「遊びの発達的役割」同前、一八―二九頁。
（3）札内敏朗・船越勝『あそびなかまの教育力』大阪保育研究所編、ひとなる書房、二〇〇一年。
（4）日本生活指導学会編、竹内常一編集代表『生活指導辞典　生活指導・対人援助に関わる人のために』エイデル研究所、二〇一〇年、八六―八九頁。
（5）丸山美和子「家庭・子育て支援と指導員の専門性」『学童保育研究』第四号、かもがわ出版、二〇〇三年、三九―五二頁。
（6）竹中久美子「私と子どもたちの学童保育―学童保育の生活における集団づくり―」『学童保育研究』第九号、かもがわ出版、二〇〇八年、三五―四五頁。竹中は、日本学童保育学会第二回研究大会（二〇一一年六月一八日）において、課題研究「学童保育実践研究とは何か」の指定報告者を担った。
（7）竹中久美子「集団づくり　はじめの一歩　自然のなかでつながって」『学童保育研究』第一一号、かもがわ出版、二〇一〇年、六六―七八頁
（8）藤井啓之「子どもたちの相互理解と集団づくりの課題」前掲『学童保育研究』第九号、四八頁。
（9）渡辺、前掲、一八頁。

［中山芳一］

第4章　学童期の子どもの自我・社会性の発達過程と教育指導

——仲間といっしょに、〝九、一〇歳の発達の節目〟を豊かに乗り越える

楠　凡之

はじめに

子育てや保育・教育実践の何よりも重要な課題の一つが、子どもたちの心のなかに自己肯定感を育んでいくことであろう。筆者は自己肯定感を大きくは二つの局面にわけて考えている。

一つは「自己信頼感」（あるいは自己受容）であり、弱さや不完全さ、未熟さを抱えた自分、大人の期待どおりにはならない自分も含めた「まるごとの自分」が他者や世界から受け入れられているという感覚である。

もう一つは「自己効力感」であり、「こんな自分でも何かができる」、「こんな自分でもみんなのために頑張れた」というような、社会的な〝つながり〟のなかで自分の存在が承認され、肯定され

ているという感覚である。

幼児期における自己肯定感は、第一義的には養育者や保育者との関わりのなかで自分の存在が受容され、また、自分の成長やがんばりを肯定的に評価されていくなかで培われていくものであろう。それに対して学童期は、幼児期に培われた自己肯定感を基盤にしつつも、主要には仲間集団のなかで受け入れられている自分、肯定的に評価されている自分を発見していくことによって培われていくといえるのではないか。

そして、学童保育実践は、学童期の子どもたちが仲間集団との〝つながり〟のなかで確かな自己肯定感を育んでいくうえで、きわめて重要な役割を担っているのである。

ところで、通常の学童保育の入所児童は小学校一年生から三年生（あるいは四年生）までの子どもを中心に構成されているところが多いが、幼児期の発達課題を十分に獲得できないまま就学を迎え、学童保育に入所してくる児童も少なくないのが現状であろう。そこで、本稿では、幼児期後期にあたる五、六歳頃から小学校中学年にあたる九、一〇歳頃までの子どもの自我・社会性の発達過程を概観し、そこから、学童保育実践の課題を提起していきたいと考えている。

1　五、六歳から九、一〇歳頃までの子どもの自我・社会性の発達過程

(1)　五、六歳から七、八歳頃までの自我・社会性の発達的特徴

①「自己形成視」の力の獲得と発達的な共感関係

通常の場合、五歳後半頃になると「きのう、きょう、あした」「きょねん、ことし、らいねん」というような時間軸の認識が生まれてくるなかで、「自己形成視」の力が育ってくるとされている。自己形成視とは、「過去に比べた自らの成長を誇りをもって感じるとともに、さらにいろんなことに挑戦してみたいという意欲を育んでいく力」のことを意味している。(1)

この自己形成視の力は、子どもたちが就学を迎えたとき、学校や学童保育という新しい世界に入っていくことへの不安を、新しい世界での学びや出会いへの期待や喜びによって乗り越え、学校や学童保育の生活世界に参加していく力の基盤となるものであるといえよう。

この自己形成視の力を育んでいくためには、子どものがんばりや成長に対する大人の肯定的な意味づけと丁寧な確認（たとえば、「わあ、さすがにお姉ちゃんになるとすごいねえ」「この前よりもとても上手になったねえ」というような言葉かけ）が重要になってくるであろう。

この自己形成視の力は、ピアジェのいう具体的操作前期（通常の場合、七、八歳頃）の系列化操作の

獲得に伴い、小学校就学後、さらに確かなものになっていくと考えられる。

一年生の終わり頃になると、この一年間でやれるようになったことを尋ねると、「コマがまわせるようになった」「なわとびが二〇〇回以上とべるようになった」というように、さまざまなかたちで自分の成長した点、がんばった点を子どもたちは語れるようになってくる。

さらに、「自分は大皿でしかけん玉ができないけれども、お兄さん（お姉さん）は難しい技ができてすごいなあ。自分も早くやれるようになりたい」というように、身近なところにいる年長の児童と自分を比べながら、その課題に積極的に挑戦していく意欲を育んでいくのである。

他の友達が自分よりもなわとびが多く飛べていたりすると、負けたくないという思いから、さらに挑戦する意欲にもつながっていくが、逆に、勝ち負けにこだわって、自分が負けると思うと一気にやる気をなくしてしまう事態なども生じてくる。しかし、これまでの自分の頑張りや成長を先生にしっかりと意味づけてもらったり、他の友達から「今日はたかしくんがとてもがんばっていたよ！」と評価してもらったりすると気持ちを立て直して、再び課題に挑戦していく意欲を回復していくのである。

このようにして、さまざまな活動を通じて、「がんばった自分」をみんなから認められ、誇りをもって自分の成長を感じることができた子どもは、友だちのがんばりや成長も認めることができるようになり、「みんな、がんばってるよね！」という発達的な共感関係を築いていくのである。

②「第三の世界」に参加していく力と空間認識の広がり

通常の場合、保育園の年長児クラスにあたる五、六歳頃になると、幼児期に培われた「自己信頼感」を心の拠り所としながら、子どもたちは不安感を乗り越えて、家庭や保育者の手を離れて「第三の世界」(e.g. 地域の公園や川、神社など)に積極的に参加するようになる。とりわけ、ぼうけん、たんけんのイメージを仲間集団で共有できた時、「第三の世界」に参加する力は最も生き生きと発揮されていくのである。

このようにして家庭や保育園(幼稚園)とは異なる「第三の世界」に仲間と一緒に参加していくことができた子どもは、小学校中学年頃になると、仲間集団のなかに「心の居場所」を創造しつつ、大人から心理的な距離をとっていく力、すなわち「集団的自立」の力を育んでいくのである。

しかし、何らかの事情で十分な自己信頼感、安心感を心のなかに培えていない子どもの場合、小学校や学童保育という新しい世界に参加していくことへの不安や葛藤があまりにも大きくなってしまうこと、また、新しい他者との関係で「呑みこまれ不安」が強まっていく結果、チック症状や夜驚などの症状が出現し、不登校状態に追いつめられていく危険性も生じてくる点には留意する必要があるであろう。

また、子どもが依存対象を大人から仲間集団の方に移行させていくうえで重要な役割を果たしていた異年齢集団が多くの地域で衰退していることも、子どもたちが「第三の世界」に参加していく力を育むことを困難にしている可能性も検討する必要があると考えられる。

さて、小学校低学年の子どもたちは「地域たんけん」などのかたちでぼうけん、たんけんのイメージをふくらませながら、自分の住んでいる地域のいろいろな場所を探索し、そこでの発見を絵地図などのかたちで表現することができるようになっていく。

また、小学校一年生では一本の道筋に沿って生活圏の地図を書いていくルートマップがほとんどであるが、小学校二年生頃から道筋のネットワーク化が始まり、三年生で道路網を準拠枠としたサーヴェイマップに変化し始めるが、正確なものではなく、小学校四年生頃になると、道路網を準拠枠とした正確な地図に変化していくことが指摘されている。(2)

その意味では、子どもたちのぼうけん、たんけんの世界の広がりは、子どもたちの集団的連帯感を育むと同時に、確かな空間認識の基礎をも育んでいくものなのである。

③ 文脈形成力の獲得と発展

通常の場合、五歳後半頃になると、子どもたちは「あのね……、えっとね……」と言いながら自分自身の生活体験を思い出し、文脈化して表現していく力、時系列に従って自分の体験をお話しできる力が育ってくる。これを「文脈形成力」と名付けている。

もちろん、そのためには、自分が思わず他者に伝えたくなるようなワクワクドキドキする生活体験を保障し、その時の出来事や経験を生き生きとイメージ化できるように援助していくことが大切であり、そのような豊かな生活体験があってはじめて、その体験を系列的につないで言葉にしていくことによって、文脈形成力が育っていくと考えられる。

そして、この文脈形成力を発達的な基盤としつつ、就学後には文字の学習とも相まって、自分の体験を時間の経過に沿って綴った作文が少しずつ書けるようになっていくのである。

「先生、あのね。きょうちっちゃいはなをみつけたよ。なめてみたら、あじがなかったよ。つぶしてみたら、たねがはいってたよ。においをかいでみたら、くさかったよ」。

「せんせいあのね、うちのどあをあけて、すこしあるくとくもがいるよ。めすとおすがいるよ。くものすはすでも、よこにひいてあるくものいとは、べとべとしていないよ。たてにひいてあるくものいとはべとべとしてるよ。よこにひいてあるくものいとをひっぱってはなすと、くもがおどろいたよ[3]」。

これは小学校一年生二学期の生活科での「みつけたノート」のなかに書かれた作文である。自分の生活体験を大人や仲間集団に語り、それをしっかりと聴きとってもらった子どもたちは、やがて、絵や、まだ学習をはじめたばかりの文字をつかいながら、自分の生活体験や発見したこと、そのなかでの思いを表現し、文脈形成力をさらに確かなものにしていくのである。

④ 他者との関係理解の一方向性と他律的道徳

その一方で、この時期は、まだ他者とのトラブルの原因を双方の視点から考えて問題解決をはかることが困難な時期である。たとえば、友達同士がケンカしたときの原因も、「友だちがいじわるしたとき」や、「ボールを貸してくれなかったら」など、一方の原因として捉えられることが多い。また、その解決も「相手があやまったら」というように一方的に捉えられがちである。そのために、大人が仲介して両者の思いをうまく伝えていかないと、自分たちだけではトラブルをうまく解決できないことも多いが、大人が適切に援助すると、自分の視点から離れて、相手の視点に立って考えることも可能になる時期である。

また、この関係の一方向的理解という発達的な制約とも関わって、この時期は大人との関係では大人の考えや発言は無批判的にそのまま受け入れる「他律的道徳」の時期である。したがって、大人がある特定の子どもに対して向ける評価や行動は、そのまま他の子どもたちの評価や行動のモデルとして取り込まれていくだけに、大人の言動が子どもたちに与える影響には十分な配慮が必要になってくると考えられる。

(2) 九、一〇歳頃の子どもたちの自我・社会性の発達的特徴

①「集団的自己」の誕生と自治の力の発達

通常の場合、九、一〇歳頃の時期はギャングエイジとも呼ばれ、同性の子どもと徒党を組んで自立した集団を築き、仲間の掟や秘密の世界を創造していく時期である。この時期、「我々意識」が強まり、お楽しみ会や遠足の計画などの際にも、「大人の手を借りずに自分たちの手でやりとげたい」という意欲が育まれていく。田中昌人はこの時期を「集団的自己」の誕生の時期とした。(4)

そして、自分たちで一つの取り組みをやり遂げた時には「自分たちの力でやれたんだ」という集団的な「自己効力感」を育んでいくのである。

それと同時に、この「自分たちが……」という我々意識の強まりは集団のウチとソトの意識を強め、グループ間の集団的対立に発展したり、発達障害の子どもなどに対する「異質性の排除」としてのいじめを生み出す危険性が高まってくる点には留意する必要があるであろう。

発達心理学者の別府哲も、「九、一〇歳の節を越える時期の子どもは子ども集団を形成するが、一方その集団は『同化・排除』の論理を強く持ちやすい」と指摘している。[5]

しかも、そのようないじめは、子どもたちが自治の力を発揮する機会を奪われていく時には一層激しくなるだけに、後に述べるように多様なかたちで子どもたちが自治的な活動を展開できるよう援助していくことが重要になってくるのである。

また、この時期の「自治の力」を支えているものが、目標や全体を意識して計画できる力の発達である。この時期、子どもたちはその活動のめあてや全体の枠を意識しながら計画を立てることができるようになってくる。[6]

たとえば、遠足の計画などで、「九時に出発して、一六時には学校に帰ってこなければならないので、全体の時間は七時間」というように、全体の時間枠を意識しながら、行くまでの時間、滞在時間、帰るための時間、などを考えたプランを立てることが可能になってくる。もちろん、電車で行くまでにかかる時間や動物園での滞在時間は計算できていても、電車の乗り換えの時間が組み込まれていなかったり、というように現実には実現困難なプランになることもしばしばであるが、この「全体を意識して計画を立てる力」は、「集団的自己」を誕生させた子どもたちが「大人の手を借りずに自分たちの手でやり遂げたい」という意欲を支える発達的な基盤でもあると考えられる。

② 双方向的、相互的な関係理解と自己客観視の成立

通常の場合、七、八歳頃までは対人関係の理解が一方向的であり、一方の立場からしか考えられないという困難があったが、九、一〇歳頃になるとお互いの視点を考慮した相互的な関係理解が可能になってくる。たとえば、友達同士のケンカの原因なども、「どちらか一方が悪い」と考えるのではなく、「お互いの意見が合わなかったら」というように相互的なものになり、したがって、その問題解決も「お互いに悪いところをあやまったら」というように、双方の努力による問題解決を考えるようになっていく。もちろん、かっとなると一方的に相手を責めるようなこともまだまだ起こりがちであるが、冷静になると自分と相手との関係を反省的に理解して、自分が悪いと思えば謝罪することもできるようになってくるのである。

このような相互的な関係理解の力を基盤としつつ、この段階になると自分の行動や性格などを相手の視点から客観的に捉えることが可能になってくる。たとえば、「あなたはどんな人？」という質問に対して、「はずかしがりです」「おこりんぼです」というように、自分の性格や行動特性などを客観的に捉えた記述が増加してくる。

ただ、注意しなければならないのは、そのような自己客観視の力は同時に、一つの「発達の危機」を生み出す危険性ももっていることである。たとえば、児童養護施設で暮らしていた子どもが、自分が他の子どもたちとは違った環境で暮らしていることに気づき、自分を異質な存在と感じてしまい、そこから自尊感情の低下に結びついていく危険性が指摘されている。

また、発達障害の児童が、「ぼくはどうもみんなからバカにされているように感じる」という言葉にみられるように、他者から向けられてくる眼差しや評価を敏感に感じ取り、自他への否定的な感情が強まっていく危険性も指摘されている。(7)

それだけに、「集団的自己」が誕生してくるこの時期に、仲間集団のなかで受容、承認されている自分をしっかりと確認し、自己肯定感を育んでいけるように援助していくことは極めて重要な実践課題になってくるのである。

2　学童保育実践の課題

(1)　小学校低学年（六―八歳頃）の子どもたちへの保育実践の課題

①　仲間との発達的な共感関係と共同の力で作り上げる喜びを

この時期、自己形成視の力が十分に育っていない子どもの場合、他者との比較のなかで「できない自分」を強く感じてしまい、学習や活動への意欲を失う危険性も生じてくるだけに、子どもの好きなシールやはな丸、ハート丸など、さまざまな方法を通じて、子どもが自分の成長や頑張りを目に見えるかたちで評価してもらえる機会を保障していくことが大切である。

また、一人ひとりの子どもの多様な興味・関心を引き出しながら、その子どもが活躍できる機会、仲間から認められていく機会を作っていくことも重要であろう。

ある子どもは学習意欲に乏しく、先生から見て「気になる子ども」だったが、虫にはとても興味・関心がある子どもであった。そこで、先生は朝の会で、その子の見つけてきた虫をみんなの前で紹介してもらい、みんなから拍手を受けた。するとその子は毎日、いろんな虫を持ってきては、朝の会で発表するようになり、クラスでは虫博士と呼ばれ、認められるようになった。やがて、その子は虫の絵と一緒に少しずつだけれども文章も書いてくるようになり、普段の授業にも積極的に取り組むようになり、みんなからも「○○ちゃん、最近、とてもがんばっている」と認められるようになっていった。

この事例が示すように、大人がその子の成長や頑張りを評価するだけでなく、仲間集団がお互いの成長や頑張りを評価、承認しあっていくことを通じて発達的な共感関係を築いていくことが、自己形成視の力を育んでいくためにも重要になってくるのである。

学童保育指導員の小林も子ども同士の育ち合いの関係を次のように描写している(8)。

「翼クラブで大事にしている伝承遊びに、コマやケン玉があります。やさしい技からさらに難しい技に挑戦するという、オリジナルの楽しいカードも使っています。子どもたちは『〇〇のようになりたい』『あんな技やってみたい』と目標をもって、みんなで見せあい教えあうことを大事にして一緒に遊んでいます。あそびが盛り上がってきた頃、コマやケン玉の『挑戦コーナー』の時間をもうけ、みんなの見ている前で技を発表します。見ている子どもたちから、緊張する子には『落ち着いていけ』『大丈夫、きっとできる』と励ましの声がかかり、失敗しても『惜しかった』と言ってくれます。できたときには『やった!』『すごいね』と喜んでくれます。できた喜びは、自信や意欲につながっていきます。指導員は仲間をたたえる子どもたちを『なんてあたたかい素敵な集団だろう』と、毎回感動して見ています」。

ちなみに、かつて正木健雄は少子化が進む現代における「社会的兄弟」の関係づくりの重要性を指摘したが[9]、学童保育の異年齢集団はまさしくそれに該当するものであろう。低学年の子どもにとっては、自己形成視の力を育むうえで非常に重要な「モデル」との出会いを与えられる場であり、逆に、高学年の子どもにとっては「教える力」を発揮するなかで「年長児」としての自覚と誇りを育む場でもある。このようにして、異年齢集団のなかにお互いの成長や頑張りを認め合えるような発達的な共感関係を築いていくことが学童保育実践の極めて重要な課題であるといえよう。

それと同時に、この時期、少し長い時間的な見通し(数日間から一、二週間程度)を立てて共同で課題に取り組む体験を保障していくことも重要であろう。たとえば、空き教室におばけ屋敷を作る、体育館の裏に秘密の小屋を作る、ハロウィンパーティの準備をする、というような魅力のあるテーマが設定されると、子どもたちは仲間集団で協力し合い、何日もかかってそのテーマに取り組み、完成した際にはみんなで達成できた喜びを共有できるようになっていく。そのような達成感に支えられて、お互いの成長やがんばりを認め合える発達的な共感関係もより確かなものになっていくと考えられる。

② 「第三の世界」で仲間集団との連帯感を築く活動を

この時期、自分の住んでいる身近な地域に仲間と一緒にぼうけん、たんけんに出かけていきながら、どんどんと道筋に沿って世界をひろげていけるような活動を、安全面に配慮しつつも保障していくことも重要であろう。

もりもりクラブ指導員の林奈津子は次のように述べている[10]。

「新学期、おうち調べや公園めぐりと称して子どもたちとよく散歩します。保育所時代は車による送り迎えが多かった子どもたちに、地域を歩かせることは大事なことだと思っています。散歩を通して、車の多いところ、危ないところ、楽しい公園、友達の家などを知ることになります」「社会の現状や運動や遊びの激減、安全管理を盾にした過保護・過干渉・過剰な抑制が、子どもたちのからだの成長発達を阻害していることに、もっと目を向けてほしいと思います」。

林が指摘するように、近年、多くの地域で、子どもたちが仲間と連れ立ってぼうけん、たんけんのイメージを共有しつつ地域に飛び出していく機会を奪われてきているだけに、もりもりクラブの実践のように、身近な地域に飛び出していく活動を意図的に創造していくことは学童保育の重要な実践課題となってきていると言えよう。

③ トラブルを子どもたち自身の手で自治的に解決していく取り組みを

生活場面や遊びの活動などでお互いの意見がぶつかり、対立する機会、あるいはお楽しみ会の企画の話し合いなどのなかで、複数の意見の間で葛藤が起こるような機会を保障することは重要な実践課題である。子どもたちのなかで生じる対立やトラブルを決して否定的にとらえてはならない。とりわけ低学年の時期では、トラブルこそが子どもたちの「発達の源泉」なのであり、だからこそトラブルをお互いの思いを理解し合う契機にしていくための指導が重要になってくるのである。

たとえば、小学校教師の篠崎が担任をした二年生の学級では、あまりにも子ども同士のケンカが絶えないので、そのための取り組みとして、クラスのなかに多様な係、たとえば、「お助けピーポー隊」(トラブルを解決する係)、「ケンカ止め隊」、「ひとっ走り隊」(先生を呼びにいく係)、「救助隊」(教室から飛び出した子どもを探しにいく係)、「バンドエイド隊」(かわいいキティちゃんのバンドエイドを貼る係)、「癒やし隊」(叩かれたりして傷ついた子どもを慰める係)などが作られていった。その結果、ケンカが少なくなっていっただけでなく、子どもたちが自分の思いを言葉で伝え合うようになり、さらに、自分以外の人が自分の思いを理解してくれることを実感するなかで、子ども同士のつながりが生まれていった。このように、たとえケンカが起きてもみんなが協力して関わっていくことで、ケンカやトラブルが子ども同士の交わりの機会となり、トラブルを暴力ではなく、平和的に解決していく力を育てる契機となっていくのである(11)。

その時に大切なことは「行動にはワケがある」という原則である。行動そのものは不適切なものであっても、行動の「わけ」をお互いに理解しあうことで、一方向的な関係理解を越えて、お互いの思いを大切にしあう人間関係を少しずつ築いていくことができるようになるのである。

また、その際には、最初の頃は大人がその子どもの行動の「思い」「つもり」を読み取っていくとしても、やがて、他の子どもたちがその子どもの「思い」「つもり」を読み取り、代弁できるように援助していくことが大切であろう。このようにして自分の思いを大人だけでなく、仲間にも理解してもらえていると感じられることが、子どもにとって、何よりも大きな他者への信頼感と自己肯定感につながっていくのである。

(2) 小学校中学年(九、一〇歳頃)の子どもたちへの保育実践の課題

① 「集団的自己」を育むための自治活動の保障

先にも述べたように、九、一〇歳頃は自分たちの手で集団を自治的に運営していく意欲と力が育

まれていく時期である。しかし、今日、一日の授業時間が長くなり、子どもたちが放課後に自治的な活動を展開していくことは非常に困難になってきている。

また、放課後の生活世界が塾やスポーツ少年団などの、大人によって管理される世界になってしまっていることも否定できない現実であろう。それだけに、学童保育の場でも意図的な指導によって子どもたちの自治的な活動を保障していくこと、ギャングエイジのエネルギーを思いっきり発揮できる活動を積極的に創っていくことが今、求められている。

とりわけ、さまざまな行事をできるだけ子どもたち自身の手で企画・運営していく機会を保障していくことが大切である。ある学童保育では、学童保育の四年生七人の子どもたちで日帰りの「おひさまリーダー旅行」を企画し、日程の組み方などで悩みながらも仲間集団内での話し合いで問題を解決している。一部、時間配分などでの指導員の手助けもあったが、七人の子どもたちは「自分たちの力で計画を立て、実行するんだ」という意気込みのもと、見事に旅行を成功させ、自分たちの力に対する自信と仲間との連帯感を築いていった[12]。

もちろん、実際にやってみると、気づかなかった問題も出てきて計画どおりにいかないこともあるが、大人が子どもの立てた計画の問題点を先に指摘して計画を一方的に修正させたりすることは避けなければならない。子どもたち自身が主体的に計画を立て、実行するからこそ、自分たちの立てた計画の問題点に気づき、失敗の経験と反省を次の計画の時に生かしていくことができるからである。

また、先に紹介した林奈津子は異年齢集団でみんなが参加できる集団遊びを創造する取り組みを次のように紹介している。

「Sケン、ドッジボール、サッカーなども、ちょっとしたルールの工夫で低学年も入ってきます。ケン足なし、やわらかいボールを使う、高学年は二タッチのみシュートなし、などです。小さいからだで相手の陣地を踏んだとき、みんなに『やったー』とほめられたり、抱っこされたり、塁に出たとき手と手を合わせたり、そんなスキンシップも安心感があって、異年齢で遊ぶ楽しさを覚えた子は、やがて下の学年が入ってくると同じようにやさしく教えたりします。ケンカやトラブルもありますが、孤立した仮想現実のなかだけのあそびでは、心もからだも育ちにくいのです。葛藤はあっても、外あそびを基本に、人と人との交わりの中で育ちあうことが大切です[13]」。

このようにして、年齢や性の違いにかかわらず、すべての個人が平等に参加できる遊びのルールを創造していく力こそ、民主主義を実現していく力の基礎となるものなのではないだろうか。そして、そのような民主主義を実現していく力の基礎が育まれていくのが「九、一〇歳の発達の節目」の時期なのである。

また、林も指摘しているように、お互いの失敗を暴き立てて責めあう関係ではなく、スキンシップと安心感があり、たとえ弱い自分、できない自分であっても、それが受け入れられていく〝つながり〟のなかでこそ、子どもたちは確かな自己肯定感を育んでいくことができるのではないか。

林はさらに次のように述べている。

「最近、公園では、学童保育所の子どもたちの遊びがクラスメートにも人気です。公園のあちこちで仲間と遊びほうける子どもの姿がみられるようになってきました。楽しい外遊びは、子どもたちが生き生きと育つために必要不可欠なものだと認識し、学童保育が発信源となって広がっていくこと、子どもが子ども時代をのびのびと過ごせることを心から願うものです[14]」。


このように、学童保育の実践が学童に入所している児童だけでなく、少年期を生きるすべての子どもたちの集団的自立の力を育むために必要不可欠な活動の「発信源」となっていくことが今日、求められているのである。

② 一つの活動への「同化」ではなく、多様な活動を保障すること

また、一つの活動に子どもたちを「同化」させるのではなく、多様な活動を保障していくこと、それぞれの子どもが自分の趣味や得意な領域を生かして子ども集団に参加できる通路を開いていくことが大切であろう。

今日、小学校中学年において、学級内クラブ活動、自主的な係活動などのかたちで、子どもたちが多様な活動に主体的に参加できる取り組みが行なわれている。

その一例として、小学校教師の都築の報告をここでは引用したい[15]。

運動会後、N男が「先生、ビーズもってきていいか」と聴いてきた。特別に一週間だけもってきていいことにした。次の日から、N男の周りにビーズで遊ぶ子どもたちの輪ができた。A男もその輪のなかにいた。運動が苦手な男子が集まっていた。

次の週もやらせてほしいと要求してきた。そんなに楽しいのなら、もっとみんなに呼びかけて「ビーズクラブ」を作ったらと、N男に提案した。N男は「ビーズクラブ」を作ったことを終わりの会でみんなに伝え、加入を呼びかけた。ビーズクラブは盛況であった。A男も入っていた。その後、「マジッククラブ」「イラストクラブ」「おしゃれクラブ」「鉄棒クラブ」「折り紙クラブ」などが誕生した。

一番はやくから活動していたビーズクラブは作品展を教室で開いた。給食台を机代わりにし、A男もみんなと一緒に折り紙を楽しんでいた。ビーズクラブが作品展を開いたので、折り紙クラブも開きたいといってきた。A男も飛行機や、だまし舟、奴さんなどの作品を展示した。色紙の提灯をつくり一メートル以上もつないだ大きな作品をクラブの子どもたちは作った。そのきっかけを作ったのはA男であった。

一二月には「班対抗紙飛行機大会」を計画した。今までの行事で実行委員を経験していない子どもたちが各班から選出され、実行委員会をつくり、実施することになった。A男は実行委員長に自分から立候補した。副委員長になったI男やK男が支えた。各班では休み時間には、廊下や中庭で紙飛行機を飛ばして遊んだ。A男は紙飛行機が好きでいろんな折り方も知っているので、作り方の知らない女子などに教えてあげた。そんな時のA男は生き生きしていた。

三学期になり、A男のカメ（腕と足を折り曲げ床にへばりついてしまう状態―執筆者注）は見られなくなった。嫌なことがあると固まることはあったが、カメには至らなかった。じっとうつむき、クールダウンすることを覚えた。その時間も次第に短くなっていった。


一つの活動ですべての子どもたちの主体的な参加の通路を開いていくことは困難である。しかし、この都築の実践のように、多様なクラブ活動が展開できると、A男のような発達障害の子どもでも自分の得意な活動、主体的に参加できる活動が必ず出てくるのである。実際、この取り組みのなかでA男が他の子どもに教える機会、さらには実行委員長として活躍する機会も生まれ、そのことがA男の自己肯定感の回復につながっていったのである。

このような豊かな実践を展開していくためには、それぞれの子どもが自分の趣味や得意な領域を生かして子ども集団に参加できる通路を開いていくことが大切である。とりわけ、そのなかで他の子どもに「教える」役割を果たしたり、他者を援助できる主体となれたとき、子どもたちは確かな自己効力感を育んでいくことができるのである。

③ トラブルを子どもたち自身の手で自治的に解決していく取り組みを

九、一〇歳頃がお互いの視点を相互的に考慮して問題を解決する力が生まれてくる時期であることは先に指摘した。しかし、現実のトラブルの場面で冷静に考えることはなかなか困難であり、それ以前の一方向的な関係理解に戻ってしまうこともしばしばである。

また、今日、集団遊びや、集団で共同、協力しあう活動を展開していく機会が減少していることも、トラブルが生じたときに話し合いで解決していくことを一層困難にしている。

それだけに、この時期、頻繁に生じてくるトラブルを子どもたちがお互いの思いを理解し、尊重したかたちで問題解決をはかっていけるように大人が丁寧に援助していくことが必要である。さらに言えば、そのようにしてトラブルを平和的に解決していくことは、「異質性の排除」としてのいじめを克服していくためにも重要になってくるのである。

たとえば、事件が起こった時、両者の思いを理解するために、黒板やホワイトボードなどにお互いの発言や行為などを記述しながら一緒に考える方法や、ロールプレイなどのかたちで実際に「再演」していく方法などが重要になってくるであろう。

このようにして、一緒に黒板やホワイトボードを眺めていきながら、お互いの思いや気持ちを読みとり、「こういう思いだったんだよね」「本当はこうしたかったんだよね」というように言語化して理解し合っていく体験を積み重ねていくことが、お互いの視点を考量しながら問題解決の方法を考える力を育むことにつながっていくのである。

ちなみに、ピアジェはこの時期に個人相互の関係において「相互尊敬（mutual respect）の原理」が実現されるようになるとしている。(16) この個人相互の関係においてお互いの人格を尊重しあう関係を実現していくことは、九、一〇歳頃の社会性発達の中心的な課題の一つであると考えられる。

④ 生きづらさを一緒に乗り越えていけるような友情を育む取り組みを

九、一〇歳頃は「自己客観視」の成立する時期であるが、しかし、それが場合によっては自己への否定的な感情を強め、自己肯定感を低下させる危険性にもつながることはすでに述べた。

この時期の自己評価は仲間集団からの評価に依存する部分が大きく、自分が所属している集団のなかで自分が評価、承認されないことは子どもの心に大きな影響を及ぼす。したがって、まず、子どもたちが所属する集団が子どもにとって安心して自分を出せる居場所になるような取り組みが何よりも大切になってくるのである。

また、この時期は自分の悩みや寂しさなどを等身大に表現し、共感し合っていくなかで、友だちとの深いつながりを築いていくことが次第にできるようになってくる時期である。

今日、子どもたちの上に覆いかぶさっている生きづらさは決して生やさしいものではない。学童保育に来ている子どもたちのなかにも、両親の離婚やＤＶ（ドメスティックバイオレンス）の目撃、さらには被虐待体験など、子どもが背負うにはあまりにも重い、または重すぎる体験を強いられた者も少なくない。そして、そのような傷つきや葛藤が時には学童のなかでの「暴力」のかたちで表出されてしまうのである。

それだけに、子どもたちがお互いのつらさや悩みなども語りながら、一緒に生きづらさを乗り越えていく取り組みが今日、必要になってくるのである。この九、一〇歳の時期は子どもたちが悩みや生きづらさを一緒に乗り越えていく友情を育んでいく出発点となる時期でもあるのである。

（1）白石正久・恵理子編『教育と保育のための発達診断』全障研出版部、二〇〇九年、第五章。
（2）谷 直樹「ルートマップ型からサーヴェイマップ型へのイメージマップの変容について」『教育心理学研究』二八巻三号、一九八〇年。
（3）入江智子「磁石のように僕に友だちが近寄って来る！」全障研大阪支部第一一回研究集会要領（非売品）、二〇〇九年。
（4）田中昌人『人間発達の理論』青木書店、一九八七年、一四四頁。
（5）別府哲・小島道生編『「自尊心」を大切にした高機能自閉症の理解と支援』有斐閣選書、二〇一〇年、一五七頁。
（6）加藤直樹『少年期の壁をこえる―九、一〇歳の節を大切に』新日本出版社、一九八七年。
（7）田中康雄「発達障害を抱えながら越える一〇歳の節目」『臨床心理学』三四号、金剛出版、二〇〇六年。
（8）小林春恵「障がいのある子の放課後生活」宮﨑隆志編『協働の子育てと学童保育』かもがわ出版、二〇一〇年、第五章。
（9）正木健雄「〝荒れ〟につながる体の問題」村山士郎編著『ムカつく子ども荒れる学校』桐書房、一九九八年。
（10）林奈津子「子どものからだの発達と外あそび」前掲『協働の子育てと学童保育』、二〇一〇、第三章。
（11）篠崎純子・村瀬ゆい『ねえ、きかせて　パニックのわけを』高文研、二〇〇八年、八六―九一頁。
（12）奥本郁代「おひさまリーダー旅行の取組み」学童保育指導員専門性研究会編『学童保育研究』第九巻、かもがわ出版、二〇〇八年。

(13) 前掲、林。
(14) 同右。
(15) 都築一郎「『カメ』になってもいいよ」『生活指導』二〇〇九年三月号。
(16) J・ピアジェ、滝沢武久訳『思考の心理学』(新装版) みすず書房、一九九九年。

〈参考文献〉


楠凡之『いじめと児童虐待の臨床教育学』ミネルヴァ書房、二〇〇二年。

楠凡之『自閉症スペクトラム障害の子どもへの発達援助と学級づくり』高文研、二〇一二年。

楠凡之『気になる子ども　気になる保護者——理解と援助のために』かもがわ出版、二〇〇五年。

第5章　障害児の放課後保障と学童保育

丸山啓史

現在の日本において、特別支援学校や特別支援学級に在籍する小学生が学童保育に通うのは珍しいことではない。さまざまな課題があるとはいえ、障害児の学童保育への参加はある程度の広がりを実現してきた。また、学童保育について、ＬＤ・ＡＤＨＤ・高機能自閉症などの発達障害のある子どもへの関心が高まっており(1)、いわゆる「気になる子ども」も現場に少なくないことがしばしば語られる。学童保育を考えるうえで、障害児をめぐる問題は欠かせない論点になっている。

一方、障害児の放課後保障という観点からみると、学童保育における障害児の受けとめを考えるだけでは十分でない。学童保育さえ充実すれば障害児の豊かな放課後が保障されるというわけではないのである。障害のある小学生にとって学童保育は非常に重要なものではあるが、障害児の放課後・休日に関わる制度・施策・実践を幅広く視野に入れ、その全体像のなかに学童保育を位置づける必要がある。

本章においては、障害児の放課後・休日の生活実態をふまえたうえで、障害児の学童保育への参加をめぐる到達点と課題を示し、障害児に関わる学童保育の実践について重視されてきた点を確認する。同時に、障害児を主な対象とする学童保育的活動について、通常の学童保育との関係を整理しながら、これまでの展開と今後の課題を概観する。

1　障害児の放課後・休日の生活実態

学童保育をはじめとする放課後生活の場が障害児に求められてきた背景には、障害児と家族の困難な生活実態がある。これまでに全国各地で取り組まれた放課後・休日の実態調査は、障害児の生活について主に二つの問題を一貫して示し続けてきた。一つは、放課後・休日を一人で過ごしたり母親と過ごしたりすることが多く、友だちと遊ぶ機会が少ないことである。もう一つは、放課後・休日を家の中で過ごすことが多く、テレビやビデオをみることが生活の中心になりがちなことである。そして、そのような問題は同時に、母親・家族の大きな負担につながっていることが指摘されてきた。

特別支援学校や特別支援学級に通う子どもについていえば、放課後生活の場が求められてきた理由として、保護者の就労保障は必ずしも主要なものではなかった。相対的に障害が重いとされる子どもの放課後保障の取り組みにおいては、放課後・休日において子どもに豊かな生活と発達を保障することに重点が置かれていたといえる。また、放課後活動の母親・家族にとっての役割に関しても、就労保障よりは、子どものケアに関わる負担の軽減が強調されてきた傾向がある。

もっとも、保護者の就労保障が課題にされなかったわけではなく、過去の実態調査においても母親・家族が就労することの困難さが指摘されてきた。[2] 見守りを含むケアをほぼ常に必要とする子どもを育てている場合、放課後・休日に社会的支援がなければ、就労を続けることは非常に難しいのである。フルタイムでの就労はもちろん、学校には夏休みなどの長期休業期間があることもあり、パートタイムでの就労さえ容易ではない。祖母などによる援助がなければ母親が働きにくい状況がある。[3]

このような実態が明らかにされたことが、学童保育における障害児の受け入れや、その他の放課後生活の場づくりに影響を与えてきたと考えられる。障害児の放課後・休日の生活実態の把握は、引き続き調査研究の重要な課題になるといえよう。ただし、放課後保障がある程度の進展をみせるなか、実態をとらえる視点にも発展が求められる。たとえば、これまでは特別支援学校や特別支援学級に在籍する知的障害等の子どもの問題が主に考えられてきたが、通常学級に在籍することの多い発達障害の子どもの生活実態に目を向けることも必要であり、視覚障害や聴覚障害の子どもの状況も検討されなければならない。

また、過去の調査においては障害児と家族の困難な実態を浮き彫りにすることに重点がおかれる傾向があったが、放課後・休日のための社会資源が広がりつつあるなかで、その活用をめぐる実態や課題を明らかにしていくことが従来以上に重要になる。[4] 学童保育についても、障害児の受け入れ状況をはじめ、受け入れにおける課題などが詳しく把握されていく必要がある。

2 障害児の学童保育への参加

(1) 学童保育への参加の広がり

障害児の学童保育への参加は、長年にわたり増え続けている。厚生労働省の資料によれば、二〇〇四年には全国で四四七一か所に九二八九人が通っていたのに対し、二〇一〇年には九一二〇か所に一万九七一九人が通っている。六年間で受け入れ所数、人数ともに二倍以上になっており、登録児童数に対する障害児の割合は一・六%から二・四%へと増加しているのである。また、全国学童保育連絡協議会による調査では、[5] 一九九三年には約一〇七四か所に約一七一〇人と推定されていたが、一九九八年には約一九三〇か所・約三〇〇〇人、二〇〇三年には約四〇六〇か所・約七二〇〇人、二〇〇七年には約六三〇〇か所・約一万二七〇〇人へと広がったとされる。

それと並行して、障害児の受け入れに関する制度・政策上の進展もみられる。たとえば、二〇〇一年からは障害児の受け入れを促進・推進するために国の補助金が出されるようになった。また、二〇〇五年に施行された発達障害者支援法においては、「市町村は、放課後児童健全育成事業について、発達障害児の利用の機会の確保を図るため、適切な配慮をするものとする」とされた。さらに、二〇〇七年に厚生労働省から出された「放課後児童クラブガイドライン」においても、「障害のある児童や虐待への対応等特に配慮を要する児童については、利用の希望がある場合は可能な限り受入れに努めること。受入れに当たっては、施設・設備について配慮すること」とされている。実際の条件整備は非常に不十分であるものの、障害児が学童保育に入るのが特別なことではなくなりつつある。

一方で、障害児の学童保育への参加の実態については、今後さらに丁寧な把握が求められよう。たとえば、どのような子どもが「障害児」とみなされているのか、確認が必要になる。通常学級に在籍する発達障害の子どもへの関心が高まるなか、従来であれば「障害児」とはされなかった子どもが「障害児」とみなされるようになっていることも考えられる。実態調査が示す数字ほどには実際の受け入れが進んでいないという可能性もあるのである。

また、障害児のなかでも、どのような子どもが受け入れられていて、どのような子どもが受け入れられていないのか、詳しくみることによって課題を明らかにすることが求められる。たとえば、医療的ケアを必要とする子どもが学童保育に通うことは極めて困難な実態がある[6]。また、小学校ではなく特別支援学校に通う子どもについて、受け入れ状況の把握が求められる。障害児の受け入れについては、全体としての人数だけではみえてこない問題があるのである。

(2) 学童保育への参加を保障する仕組み

障害児の学童保育への参加が進んできているとはいえ、障害があることで入所が認められない例は未だ数多く、入所を拒否されない場合でも、条件整備がないため実質的に参加できないということがある。また、学童保育の対象学年が三年生や四年生までに限られている場合には、対象学年延長の要求が出されることが多い。障害児の学童保育への参加をめぐっては、制度・条件整備の面でも今後さらに検討が求められる問題が少なくない。

そのなかでも丁寧な議論が必要なこととして、学童保育の入所要件に関わる問題がある。障害児については保護者の就労の有無が問われない市町村もあるが、障害のない子どもと同じように保護者の就労が要件となる市町村も多い。このことについて、障害児の保護者・母親の就労が困難な実態を無視したものであるとの批判があり[7]、少なくとも障害児については保護者の就労が入所の条件にされるべきではないとする指摘がなされている[8]。また、就労するために子どもを学童保育に通わせたのではなく、子どもを学童保育に通わせるために就労したという母親が少なからずいることが把握されており[9]、保護者の就労を学童保育の入所要件とすることの当否が問われている[10]。入所要件の原則について、見直しが求められるのである。

また、障害児の参加を実質的に保障していくための条件整備も、学童保育の重要な課題である。障害児の受け入れに関わる指導員加配や補助金加算が不十分であること、指導員の研修があまりなされていないこと、巡回相談の仕組みも整備されていないことなどが、問題点として指摘されてきている。施設環境についても、バリアフリー化が求められることはもちろん、部屋の数や配置などが障害児の過ごしやすさという点からも考えられるべきであろう。[11] 学童保育の実態をふまえて必要な条件整備の内容を明らかにしていくことが研究課題となる。

なお、障害児の参加の保障に関わっては、学童保育をめぐる全体的な制度動向への注目も重要である。「子ども・子育て新システム」のもとでは、市町村まかせの学童保育のあり方が強化・固定化されていくため、障害児が学童保育に参加するための基盤が後退することが危惧される。[12] また、学童保育の商業化がねらわれているなか、[13] 学童保育の市場化・営利化が障害児と家族に及ぼす影響を考えていくことも、これからの学童保育研究に求められることになるだろう。

3　障害児を含めた学童保育の生活

(1)　障害児にとっての学童保育の役割

学童保育で障害児を受けとめていく実践に関わって、まず改めて確認されなければならないのは、障害児にとっての学童保育の役割であろう。もっとも、障害児について他の子どもと大きく異なる特別な役割が学童保育に求められるわけではなく、学童保育の基本的な役割はどの子どもにとっても同じはずである。それでも役割の確認が重要なのは、関わる人の意識が「障害」や「問題」に集中することで、学童保育の本来的な役割が忘れられていく可能性があるからである。

障害児の保育や教育に関わる近年の文献をみると、特に発達障害児について、障害児が抱える困難への対応方法に重点を置くものが少なくない。また、「ルールが守れない」「暴力をふるう」など、障害児をめぐる子ども間のトラブルに主な関心を向けるものもある。もちろん、さまざまなトラブルによって子どもたち自身が苦しい思いをすることがあるし、障害児がもつ困難を軽減することは大切なことである。そのために、整理された環境づくり、スケジュールの提示、視覚的情報の活用といった工夫が有効な場面もあるだろう。しかし、トラブルを防ぐこと自体や、困難を軽減することと自体が学童保育の中心的な役割ではないはずである。

子どもにとっての学童保育の主な役割とは、安心できて楽しい生活の場をつくり、そのことを通して子どもの成長・発達を保障していくことではないだろうか。その過程において子どもの困難を軽減することは重要な要素であるが、そうした要素のみに目を奪われてしまってはならない。学童保育の実践をめぐる議論や研究も、障害児をめぐるさまざまな「問題」ではなく、充実した生活のつくり方に軸足を置いて進められる必要がある。

このことは、障害児理解や子ども理解の基本的な視点とも関係する。これまで、特に障害児については、否定的側面だけでなく肯定的側面に目を向けること、苦手なことや嫌いなことだけでなく得意なことや好きなことに着目することの重要性が指摘されてきた。あるいは、子どもをまるごと全体として理解すべきこと、「障害」ではなく「障害のある子ども」を理解すべきことが強調されてきた。そのような視点を、学童保育研究の視点としても大切にしていくことが求められるのである。

安心できて楽しい生活をつくりあげる課題を中心に据えて考えることは、障害児の生活全体のなかで学童保育が果たし得る肯定的・積極的な役割をとらえていくことにもつながるだろう。学童保育で障害児をどのように受けとめられるのかを考えるだけでなく、障害児の生活と発達に学童保育がもち得る意義を確かめることになるのである。たとえば、学校とは異なる性格・役割をもつ学童保育においては、学校では活躍の場を見出しにくい子ども、自信をつける機会を得られにくい子どもが、仲間から認められ、自分の居場所を見つけることができるかもしれない。また、学校や家庭が心から落ち着ける場になりにくい子どもにとって、学童保育が安心できる人間関係を築ける場になる可能性もある。そのような学童保育の意義を明らかにし、共有していくことが、今後の議論や研究の一つの役割となる。

(2) 障害児と子ども集団

障害児の「障害」に注目すると、子ども個人への配慮や対応を主に考えることになりやすい。しかし、学童保育は子ども集団が存在する場である。学童保育における障害児の生活を豊かなものにしていくためには、他の子どもとの関係や子ども集団との関係を考えないわけにはいかない。障害児の受けとめについて、「学童保育における障害児への対応のあり方」を議論するだけでは十分ではなく、「障害児を含めた学童保育の生活づくり」という視点に立つことが重要になるはずである。

そのような視点から強調されてきたことの一つが、学童保育の生活が全体として充実していくこと、すべての子どもにとって学童保育が安心できて楽しい生活の場になっていくことの重要性である。こうした視点は比較的早くからみられるものであり、たとえば、指導員の田中邦子は、「私の大事にしていること」の第一に「基本的に学童保育の生活そのものが充実していること」を挙げ、ある障害児の事例について「指導員が困った時、子どもたちにその事を投げかけていける条件と、子どもたちが受けとめてくれる状況を常日頃の生活の中で定着させておいたことが非常に大事なのだ」と述べている。[14] そして、近年の議論において、野村朋は、「軽度発達障害の子どもの発達援助」と並べて「学童保育の生活と軽度発達障害」について論じるなかで、「どの子も一人ひとりが大事にされていること、そのことが実感できる安心感が、違いを認めて共感しあえる子ども集団を形成していくことの土台となります」と述べている。[15] また、西本絹子は、「安定した集団のなかで発達に困難を抱えた子どもに対する支援が成り立つ」として、わくわくできる遊びや活動の存在、指導員と子どもとの信頼関係、子どもどうしの協力し合える関係など、学童保育全体の基本的なあり方の重要性を確認している。[16] 障害児を受けとめていける子ども集団の形成や学童保育環境の醸成が求められているのである。

そして、そのような基盤づくりと結びつきながら、子ども集団のなかで障害児を受けとめていくための実践的な工夫が問われることになるのであり、学童保育においては遊びの工夫がとりわけ重要なことの一つになる。障害児が参加しやすい遊びの文化をつくる視点や発想が、広く共有されることが望まれる。たとえば、障害児の受け入れを積極的に進めてきた札幌市の「翼クラブ」からは、「一番遅く手を出した人が負け」というトランプゲーム「ぶたのしっぽ」のルールを「上から三番目の人が負け」「下から二番目の人が負け」とすることによって、障害児も参加してゲームが盛り上がることが紹介されている。[17] こうした遊びの工夫は、異年齢の多様な子どもが参加する学童保育の実践のなかでは、必ずしも障害児を意識したものでなくても、豊かに存在してきたのではないだろうか。[18] そうした工夫の視点などについて、整理や共有が必要である。

なお、子ども集団との関係で障害児を考えていくことは、障害児との関係で子ども集団を考えていくことと切り離せない。学童保育における障害児の受けとめという観点から子ども集団や遊びのあり方などが議論されるのと同時に、子ども集団や遊びのあり方などの議論において障害児の存在が意識され、両方の議論が統合されていくことが求められる。

(3) 障害児についての理解

学童保育の子ども集団のなかで障害児をとらえようとするとき、まわりの子どもによる障害児の理解が重要になる。障害に関わる説明を子どもたちにするべきか、説明するとすればどのようなかたちで行なうのかといったことが、学童保育の実践について議論されることが少なくない。

このことに関して、従来いわれてきたことの一つは、「障害」ではなく「障害のある子ども」の理解が重要になるということである。[19]「知的障害」「ＡＤＨＤ」「自閉症」などの概念を子どもたちが理解しなければならないわけではないし、そうした「障害」に関係した諸問題の理解だけが大切なのでもない。ともに生活をしている障害児についての具体的な理解が、学童保育の実践においてまず問われる課題なのである。

「障害のある子ども」の理解については、障害児の成長・発達の事実や見通しを子どもたちと共有していく姿勢が求められてきた。[20]障害児の行動の理由や気持ちについて子どもたち自身が考え気づいていくこと、それを指導員が手助けすることも重要な意義をもつ。[21]子どもたちが「障害のある仲間」の理解を深めていく過程において、子どもたちの疑問に対する答えを急ぐべきでないことも指摘されてきた。[22]

その他にも、障害児との関わり方の「見本」を指導員が示すこと、障害児の意図や気持ちを指導員が子どもたちに伝えることなど、障害児についての理解を広げるための工夫はいくつか挙げることができる。自他の弱さや違いにおおらかな子ども集団を育てていくこと、まわりの子どもたちが基本的な安心感や自己肯定感をもてるようにしていくことなども、障害児についての理解を深める基盤になると考えられる。

こうした視点をふまえつつ、今後、子ども集団のなかで障害児についての理解を広げていく道筋について、さらなる探究が求められる。ただし、それぞれの学童保育の具体的な文脈を越えて有効な特定の手法があるわけではない。重要なのは、実践のなかにある視点や発想を抽出していくことであり、それらを指導員・関係者が共有できるものに整理していくことである。

4　障害児のための放課後活動

(1)　障害児のための放課後活動の必要性

障害児の学童保育への参加が進み、学童保育における実践のあり方についても経験が蓄積されつつある一方で、基本的に障害児のみを対象とする放課後活動が全国的に広がってきている。放課後等デイサービス、日中一時支援事業、自治体の独自事業など、依拠する制度はさまざまであるが、主に特別支援学校や特別支援学級に在籍する子どもが放課後・休日に通う場として重要なものになっている。参加する子どもの年齢は幅広く、小学生だけでなく中高生も通っているところが少なくない。施設・事業所や子どもによっては週に一日だけ通うといったこともあるものの、毎日の放課後や夏休み等を過ごす場となっているような、障害児のための学童保育的活動ととらえることができるものも多い。

このような放課後活動が必要とされる理由の一つは、通常の学童保育の対象学年が限られていることである。小学三年生までしか学童保育に通えないという市町村も少なくはない。障害児については対象学年が延長される市町村もあり、障害の有無に関わらず小学六年生まで学童保育の対象となる市町村もあるが、いずれにせよ対象学年を越えた後の放課後生活のあり方が問題になる。子どもに障害がある場合、中等教育段階においても学童保育的な社会的支援が必要になることが多いのである。

同時に、学童保育の対象となる年齢の子どもについても、障害児のための放課後活動が求められることがある。通常の学童保育よりも、そのような放課後活動の場のほうが、安心できて楽しい生活を子どもに保障しやすい場合があるからである。障害児が参加しやすい環境を学童保育につくっていくことは重要であるが、そのような環境が現状においては十分でないし、ある程度の条件整備がされても通常の学童保育では豊かな放課後を実現しにくい子どももはいると考えられる。学校教育において特別支援学校や特別支援学級が設けられているのと同様に、放課後・休日の生活についてもそれぞれの子どもに合った場や集団が用意されなければならない。

もちろん、障害を理由に子どもが通常の学童保育から排除されるべきではないし、子どもや保護者の希望に反して放課後活動の場が限定されることは問題である。学童保育における障害児の受け入れは、追求すべき重要課題だといえる。しかし、学童保育において障害児を受けとめることを重視するあまり、障害児のための放課後活動を拡充することに消極的であってはならない。

障害児の放課後保障を全体として進めるためには、学童保育について考えるだけでは十分ではない。障害児のための学童保育的活動はもちろん、スポーツ・文化活動の役割の検討が求められる。[23]

また、いわゆる全児童対策事業への障害児の参加についても検討が必要になる。[24] さらに、そうしたさまざまな場への送迎のあり方との関係からも、ヘルパーによる支援を軽視できない。障害児の放課後・休日に関わる多様な社会資源を視野に入れながら、放課後保障の全体像を描く必要がある。そうした全体像のなかにおいて、障害のある小学生についてみれば、通常の学童保育とともに、障害児のための放課後活動が特に重要なものとして位置づくはずである。

(2) 障害児のための放課後活動の展開

障害児のための放課後活動については、二〇一〇年の法改定により二〇一二年四月から放課後等デイサービスの制度が発足している。制度の内容については課題も多いが、[25] 障害児の放課後活動が国の法制に明確に位置づけられたことは重要である。放課後活動の施設・事業所の急増傾向もみられ、新たな段階に応じた調査や研究が求められる。

これまでの展開を振り返ると、一九七九年の養護学校義務制実施までは、義務教育段階の学校教育を受けられない障害児も多く、放課後保障が本格的に課題となる状況ではなかった。学校教育保障が進展するなかで、放課後保障が社会的課題となる基盤が形成されていったと考えられる。また、学校五日制への移行も、障害児の放課後・休日への社会的注目を促した。[26] 障害児のための放課後活動が全国的に大きな広がりをみせたのは一九九〇年代からのことであり、二〇〇〇年以降に発足している施設・事業所も多い。

障害児のための放課後活動が広がるなかで、一九九〇年頃からは施設・事業所等による都道府県ごとの連絡会が結成されていき、二〇〇四年には「障害のある子どもの放課後保障全国連絡会（全国放課後連）」が発足した。そして、全国放課後連によって国レベルでの実態調査や要求運動が進められ、二〇〇八年には「障害のある子どもの放課後活動事業の制度化を求める請願」が国会で採択されている。そうした動きを背景に、二〇〇八年の社会保障審議会障害者部会報告書では「放課後型のデイサービス」の創設が提言され、放課後等デイサービスの発足につながった。[27] 放課後等デイサービスの制度は、保護者や施設職員などの運動による成果だといえる。

しかし、制度の創設によって障害児のための放課後活動をめぐる諸課題が解消するわけではない。施設・事業所を対象として二〇〇九年に実施された全国調査では、[28] 放課後活動の施設・事業所が不足しており、「待機児」を抱える施設・事業所や、通所日数を制約される子どもが多く存在していることが示されている。また、放課後活動に対する公費支出の水準が低いなかで、一般に職員体制は厳しく、外遊び等が困難になっているところもある。施設・設備についても、十分な広さがなかったり部屋数が限られていたりして、活動内容が制約される場合が少なくない。さらに、保護者の経済的負担をめぐる問題などもある。このような諸課題について、実態と動向を把握し、到達点と課題を明らかにしていくことが継続的に求められる。

また、放課後等デイサービスの制度が発足し、さまざまな実施主体が障害児のための放課後活動に参入しつつあるなかでは、放課後活動の基本的なあり方、実践の方向性が改めて問われる。放課後等デイサービスについて制度的に用いられる「訓練」や「療育」の意味が狭くとらえられると、「学校的」「塾的」な性格が強くなり、学校とも家庭とも異なる放課後活動に特有の意味が薄らいでしまいかねない。一方で、障害児のための放課後活動は単なる「預かり」「見守り」ではないことが、これまでの取り組みのなかで強調されてきてもいる。障害児にとっての豊かな放課後活動とはどのようなものであるのか、子どもの実態と実践の経験を共有するなかで認識を深めていくことが課題である。障害児のための放課後活動について実践記録をまとめる試みが始まっているが[29]、そのようなことが今後さらに重要になる。

おわりに

本章では障害児に焦点を当てたが、特に丁寧な関わりを必要とする子どもは障害児だけではない。貧困のもとにある子ども、虐待を受けてきている子ども、家庭環境に困難のある子ども、いじめられている子ども、「問題」を起こしがちな子ども、不登校の子ども、言語的・文化的マイノリティの子どもなど、困難を抱えるすべての子どもに目を向けていくことが、今後の学童保育研究に求められる[30]。

学童保育について、障害に関わる議論には相対的に多くの蓄積があるものの、子どもが抱える他の諸困難をめぐる議論は必ずしも活発でなかったのではないだろうか。たとえば、近年では「子どもの貧困」が社会的注目を集めているが、学童保育の取り組みが家族の貧困・生活困難を十分には位置づけてこなかったという指摘がなされている。[31] 貧困の問題にせよ、子どもたちが抱える他の困難にせよ、それを学童保育の取り組みだけで解決することはできないであろうが、学童保育の力によって困難を軽減することはできる。そのための方策を検討していく必要があろう。

このことは、学童保育研究において子どもの多様性を前提にすることにもつながる。学童保育をめぐるこれまでの議論において、無意識であれ、均質な子ども像・家族像が想定されることはなかったであろうか。諸困難にも関わらず子どもが共通してもつ肯定的・積極的な側面を見落としてはならないが、現実の子どもがそれぞれに異なる生活を送っていることも事実であり、なかには特に大きな困難に直面している子どももいる。そのような多様性や困難を視野に入れた学童保育研究が求められよう。障害児や困難を抱える子どものことが取り立てて語られるだけでなく、そうした子どもの存在が学童保育をめぐる議論すべてのなかで意識されていく必要がある。

(1) 茂木俊彦編著『発達障害児と学童保育』大月書店、二〇一〇年、など。『日本の学童ほいく』誌においては、二〇〇七年一二月号において「発達障害を学ぶ」という特集が組まれており、二〇一一年一二月号においても「一人ひとりを大切に—発達障害を学ぶ」が特集されている。

(2) 能勢ゆかり「家族のゆとりと健康」藤本文朗・黒田学編著『障害児と家族のノーマライゼーション—滋賀の「障害をもつ子どもたちの生活実態調査」から』群青社、一九九九年、八九—九〇頁。津止正敏・津村恵子・立田幸代子『障害児の放課後白書—京都障害児放課後・休日実態調査報告』クリエイツかもがわ、二〇〇四年、一五六—一六一頁。

(3) 丸山啓史「障害児を育てる母親の就労に影響を与える要因」『京都教育大学紀要』第一一八号、二〇一一年。
(4) 社会資源の活用状況に注目した実態調査の結果をまとめたものとして、丸山啓史「障害のある子どもの放課後・休日支援の現状と課題―保護者対象全国調査より」『障害者問題研究』第三六巻第四号、二〇〇九年。
(5) 一九九三年版、一九九八年版、二〇〇三年版、二〇〇七年版の『実態調査のまとめ』が出されている。
(6) 大阪府の市町村について「障害児受け入れ基準」をみると、「医療行為を伴わないこと」などが条件とされているところが少なくない。大阪学童保育連絡協議会『大阪の学童保育―第三七集』二〇一一年、五八―五九頁。
(7) 全国特別支援学校知的障害教育校PTA連合会『障害のある子どもの放課後活動促進に関する調査研究報告書』、二〇〇八年、八五頁。
(8) 津止正敏・津村恵子・丸山啓史『障害児の放課後支援の今とこれから―全国調査（自治体調査・保護者調査）報告書』立命館大学人間科学研究所、二〇〇八年、二一六頁。
(9) 障害のある乳幼児の保育に関しても同様の実態がみられる。丸山啓史「障害のある乳幼児を育てる母親の就労をめぐる問題―母親へのインタビュー調査から」『障害者問題研究』第三九巻第三号、二〇一一年。
(10) 丸山啓史「学童保育の対象学年・入所要件が障害児と家族の生活に及ぼす影響」『学童保育』第一巻、二〇一一年。
(11) 発達障害児について、刺激が少なく活動に集中しやすい環境を設定することの重要性が語られることもある。奥住秀之「発達障害とその特徴」茂木俊彦編著『発達障害児と学童保育』大月書店、二〇一〇年、四五―四六頁。
(12) 丸山啓史『「新システム」と学童保育』丸山啓史・石原剛志・中山徹『学童保育と子ども・子育て新システム』かもがわ出版、二〇一一年。
(13) 『レジャー産業資料』二〇一一年五月号では「成長する！ 子育て支援ビジネス―保育サービス、民間学童保育のビジネスモデルを探る」という特集がされており、民間企業が運営する「学童保育」の動向が紹介されている。
(14) 田中邦子「ヤッ君の心の耳」茂木俊彦・田中島晃子編著『学童保育と障害児』一声社、一九八九年、四〇頁。
(15) 野村朋「軽度発達障害の子どもの発達と支援」『学童保育研究』第七号、二〇〇六年、六六頁。
(16) 西本絹子「発達を支援する視点」西本絹子編著『学級と学童保育で行う特別支援教育』金子書房、二〇〇八年、一九―二〇頁。
(17) 小林春恵「障がいのある子の放課後生活」宮崎隆志編著『協働の子育てと学童保育』かもがわ出版、二〇一〇年、九七頁。
(18)「高学年と低学年、男の子と女の子、得意な子と苦手な子を遊びで結びつけて、集団をつくること」を目的として、サッカーやドッジボールのルールを工夫している例として、中根大佑「学童保育における遊びの実践」田丸敏高・河崎道夫・浜谷直人編著『子どもの発達と学童保育』福村出版、二〇一一年。
(19) 丸山啓史「学童保育への障害児の参加」『学童保育研究』第一〇号、二〇〇九年、五五―五六頁。
(20) 茂木俊彦『「受け入れ」にあたっての考える視点』茂木俊彦・野中賢治・森川鉄雄編『障害児と学童保育』大月書店、二〇〇二年、四九―五一頁。
(21) 三山岳「学童保育で子どもたちと親とのかかわりを通して子どもを育てる」西本絹子編著『学級と学童保育で行う特別支援教育』金子書房、二〇〇八年、一八三―一八五頁。
(22) 白石正久『障害児がそだつ放課後』かもがわ出版、二〇〇七年、一〇九―一一一頁。
(23) 相対的に知的障害の軽い子どもについて、文化活動・スポーツの機会への参加・要求が多くみられる。丸山啓史「知的障害の軽い子どもの放課後・休日の実態と課題」『京都教育大学紀要』第一一九号、二〇一一年。
(24) 障害児との関係で放課後子どもプランに関わる多様な活動事例を紹介するものとして、東京学芸大学特別支援教育研究会編『広げよう放課後・休日活動—障害児が参加する放課後子どもプラン』ジアース教育新社、二〇〇九年。

(25) 丸山啓史「障害のある子どもの放課後活動の動向と課題」『月刊福祉』二〇一二年七月号。

(26) 藤本文朗・三島敏男・津止正敏編『学校五日制と障害児の発達』かもがわ出版、一九九二年。学校やＰＴＡなどによって学校五日制に対応した活動が取り組まれることもあった。春口明朗「学校週五日制の完全実施をめぐる動向と取り組みの課題」小林繁編著『学びあう「障害」』クレイン、二〇〇一年。

(27) 全国放課後連の活動や、放課後等デイサービスが発足する経過について、詳しくは、障害のある子どもの放課後保障全国連絡会編『障害のある子どもの放課後活動ハンドブック』かもがわ出版、二〇一一年。

(28) 障害のある子どもの放課後保障全国連絡会『障害のある子どもの放課後活動制度化に向けて—全国アンケート調査から』二〇一〇年。

(29) 村岡真治『ゆうやけで輝く子どもたち—障害児の放課後保障と実践のよろこび』全障研出版部、二〇〇八年。放課後連・東京『障害のある子どもが育つ放課後活動』二〇〇八年。

(30) 前掲、丸山啓史「学童保育への障害児の参加」五七—五八頁。

(31) 久冨善之は、学童保育運動について、「『貧困・生活困難』をその課題の重要さにふさわしく取り立てて問題にすることが、もしかしたらそれほど多くなかったかも知れない」と述べている。久冨善之「『子どもの貧困』と放課後」『学童保育研究』第一〇号、二〇〇九年、四九頁。

補論1　学童保育研究への期待
――被災地　岩手からの発信

新妻二男

はじめに

東日本大震災の悪夢からすでに一年半が経過しようとしている。

筆者が居住する岩手県における被害も甚大であり、特に三陸沿岸市町村では想像を遥かに超える大津波によって、死者と行方不明者だけでも六〇〇〇人近い犠牲者が出ている（二〇一二年三月）。まさに未曾有の大惨事であると言わなければならない。

ここで筆者が「過去形」ではなく、「現在形」で「未曾有の大惨事」と述べているのには理由がある。それは、一年半を経過した今日にあっても、被災地の「復興」の歩みがなかなか見えてこない、早まらないことに対する被災地の苛立ちや不満の声が充満していること、さらには東日本大震災そのものが風化し始めているのではないかという危機感があること、そして幾多の風評被害の現実などを勘案すれば、今現在も被災地は「大惨事」の真只中にいると言っても過言ではないのである。

私たちが望むことは、被災地の単なる「復興」ではなくその先にある課題、すなわち被災地の「再生」を実現することにある。そのことが、被災地を「絶望」から「希望」へと誘う導きの糸だと確信している。

なぜならば、「復興」を実現することが、できるだけ被災前の「日常」を取り戻すことにはなるかもしれないが、それをもって「地域や生活の再生」になるとは思えないからである。被災のもっとも著しかった三陸沿岸市町村は、岩手県のなかでも高齢化や過疎化、少子化が急速に進行している地域であり、「復興」(元に戻す)だけでは地域の持続可能な発展が難しい地域なのである。

以下に、大震災を通じて筆者が感じた被災地の「復興」・「再生」を目指すにあたっての課題を、子どもや学校をめぐる現状をふまえて述べたいと思う。そこから、新たな学童保育研究の課題が見えてくれれば幸甚である。

1　被災地の学校をめぐる状況

震災前の二〇一〇年度の段階で、岩手県の学校統廃合の実態を、小学校を例に見てみると県内三四市町村のうち一〇市町村で統廃合が行なわれ、三一校の小学校（すべて本校）が一三校に統合されている。三一校のうち一九校（六割強）が三陸沿岸の五市町村に立地する学校であり、今回の被災地を中心に学校統廃合の動きが活発化していたことが分かる。

なお、二〇〇一―〇九年の八年間で、岩手県の小学校数（本校四六六、分校一一）は四七七校から四一二校（本校四〇九、分校三）に減少しており、毎年八校程度の小学校が姿を消している勘定になる。二〇一一年度以降も多くの市町村で統廃合計画が策定・計画されていたこともあって、二〇一〇年度に匹敵するような統廃合が起こるのではないかと懸念されていた矢先の大震災でもあった。

ご承知のように震災・津波の被災をなんとか免れた学校は避難所指定の有無に関係なく、避難所として機能した面を持っている。学校が避難所としての機能を遺憾なく発揮できたのは、その影に教職員の献身的かつ組織的な働きがあったからこそと言う声は大きい。また、県内すべての学校において、在学中の児童・生徒に一人の犠牲者も出なかったことは、学校のそして教職員の危機管理能力の高さを裏付けている。もちろん、学童保育や保育園等にも同じことが言えるのであるが。

今、そうした学校の統廃合計画が再びクローズアップされ始めている。それは、震災前の計画にあったからという理由もあろうが、被災した学校の新たな立地計画との抱き合わせで提起されているものが多い。

確かに、仮設や間借り校舎から新校舎への早期移転や浸水区域から高台への移転計画を実現しようとすれば、立地に必要な高台確保や盛土を含む土地造成の困難さを考慮しなければならず、これを期に学校統廃合をという声も大きくなる（もう一つ、これを期に施設一体型の小中一貫校建設という政策的意図が働いているケースもある）。

かくして、被災地の学校建設と学校統廃合は複雑に絡み合いながら、ほとんど子ども不在のまま計画されようとしている。今だからこそ、学校の立地条件や通学区域、そして子どもの学習や生活の「再生」を、子どもの目線（成長・発達保障の観点）から考えなければならないのではないかと思う。学童保育についても、新たな学校設置や学校統廃合、そして新しい通学区域との関係を意識したものでなければならず、かつ学童保育の立地条件や統廃合も課題として問われていることになる。

2 被災地の子どもをめぐる状況

三陸沿岸被災地のA町の小学生を事例に論を進めていくことにする。

A町は、県内において震災による被害が最も大きかった市町村の一つであり、児童の死亡は三人ではあるが、人口一万五二七六人中死者が八〇三人、行方不明者四七九人と死者と行方不明者を合わせると人口の八・四％が犠牲になった町である（二〇一二年三月）。世帯数五六八九のうち全壊住宅数が三〇九二、半壊が六二五と全壊と半壊を合わせると三七一七となり、およそ全世帯の六三％が住む家を失うという被害を受けている（二〇一二年三月）。

こうした被害の甚大さもあって、住民の町外への移転も相当数に上っている。児童数の推移を見ると、震災前の二〇一〇年段階（五月一日調べ）では小学校が五校で児童数が七六九人、二〇一一年度では同じく五校（うち四校は他校や公共施設での間借り）で六〇二人、二〇一二年度では同じく五校（うち四校は二〇一二年九月に仮設校舎に移転）で五五三人と、おそらく二〇〇人以上が町外への移転を余儀なくされたものと思われる。

なお、家屋を失った児童の多くは現在仮設住宅に住んでいる。仮設住宅は低地・平地を避けて山間部に建設されたこともあり、大半が分散型の小規模仮設住宅団地となっており、子どもたちの仮設校舎への通学はほとんどがスクールバス利用である。

仮設校舎が中学校と併設されていることもあり、帰りのスクールバスの運行時間までの居場所として学童保育の設置を要望する保護者の声、そして町外のNPO法人の働きかけもあって、仮設校舎の近くに町始まって以来の学童保育所（NPO法人が運営を委託されている）が開設されている。

確かに、子どもたちは学区ごとや集落ごとに仮設住宅に入居しているわけでもなく、また仮設住宅団地の規模が小さければ小さいほど子どもたちは点在してしまう。さらに、仮設住宅の狭小さ故に、子どもたちは住宅のなかで自分の時間や空間を確保することも容易ではない。また、町内の公共的施設の大半が被害を受けているなかでは、住宅・住宅団地外に居場所を求めることも至難である。子どもたちにとっては思い切り体を動かす場も無為に過ごす場も徘徊する場もないという現実こそが喫緊の課題なのである。

子どもたちが戻りたくなるような「町づくり」「地域づくり」には、当然子どもの声を反映させる道筋が必要であり、同時に子どもの声を代弁する大人の役割と責任が求められている。その要諦は、極めて多義的ではあるが、子どもの「居場所」づくりに収斂されるのではないかと思う。大震災からすでに一年半、子どもたちの言動に表わすことのできない悲しみや恐怖、そしてこれまでの緊張感からの解放を願うのであれば、多様な「居場所」づくりは必須の課題である。

おわりに

被災地の「復興」を計画・実現するにあたって、よく耳にするのが「日常」を取り戻すという言葉である。確かに、学校や子どもたちの元には、さまざまな支援物資や励ましの品々が山のように届いている。また、取材や調査さらには支援・励ましのイベント等も多く、学校も子どもたちもお礼の言葉をしたためたり、さまざまな活動・催しに参加したり協力することは、時間的にも肉体的にもかなりの負担になっている可能性がある。

かかる意味で、「日常」に戻りたいという気持ちは分かるような気がするが、どうもそれだけではなさそうである。それは、授業日数・時間の確保であったり、新しい指導要領への対応であったり、果ては「学力向上」への取り組みや各種大会への準備であったりと、あたかも震災前の「日常」こそが学校のそして子どもたちの戻るべき地平として描かれているのではと思ってしまう。

震災を経験したからこそ、これまで（いわゆる「日常」）の学校や子どもたちの生活を見直し、新たな学校づくりや子どもたちの生活づくりを目指そうとなぜならないのであろうか。

すでに述べたように筆者は、「復興」（元に戻る）に止まるのではなく、地域のそして学校のさらには子どもたちの生活の「再生」こそが重要だと考えている。その可能性を学童保育はどこまで切りひらくことができるのか、いかなる学童保育（制度や実践）がその期待に応えることができるのか、学童保育研究の今後に対する被災地からの期待・発信として受け止めていただければ幸いである。

補論2　「義務教育と学童保育」考

竹内常一

「学童保育」をどうとらえるかを考える場合、「義務教育」とはなにかを考える必要がある。なぜならば、放課後の子どもの生活と保育・教育、なかでも組織的、制度的に展開されている「学童保育」のような社会的営為は、その国の学校教育、とりわけ「義務教育」に深く規定されていると同時に、それがまた「義務教育」の在り方に少なからぬ影響を与えていると思われるからである。

ところが、厄介なことに現憲法にも、また新・旧の教育基本法にも「義務教育」という規定があるにもかかわらず、その意味するところがかならずしも一致しているわけではない。ある意味では、戦後教育はこの「義務教育」をどう規定するかをめぐって争われてきたといっても過言ではない。

その対立の一方極にあるのは、国家の教育意思にもとづく教育を受けることを子どもならびに父母の義務とする「強制教育としての義務教育」であり、他方の極にあるのは教育を子どもの権利としてとらえ、それを保障する義務は保護者、自治体、国にあるとする「権利としての義務教育」であると単純化していっていいだろう。

このために、憲法二六条の「教育を受ける権利」という文言は、子どもの学習権、発達権を保障する「教育への権利」と解されなければならないだけでなく、そう命名されなければならないとする意見もある。さらには、「強制教育としての義務教育」という伝統的な意味をひきずる「義務教育」と文言を使っているかぎり「強制・義務教育」を越えることができないという意見さえある。

すべてのものに高校教育を保障することをめざした「高校希望者全員入学運動」が、「高校教育の義務化」を掲げることなく、希望者全員入学を可能にする公立高校の設置義務を自治体と国に要求するにとどめたうらには、この文言を使用することに消極的なだけでなく、否定的な意見が日教組・教育制度検討委員会（一九七〇―七四年）の内部にあったからだと思われる。

ところが、今日、ホームレスの三割、困難な問題を抱えるホームレスの七割が未就学、中卒、高校中退のものによって占められている事態が明らかにされている。そうした事態をまえにして、阿部彩『子どもの貧困』（岩波新書、二〇〇八年）は「『義務教育』を、日本の社会に出て、独り立ちする、最低の『スタートライン』と考えるのであれば、中学校までは無理である」とし、「すべての子どもが『社会において自立的に生きる基礎』（教育基本法第五条二項）を得られるように義務教育を拡充する」必要があると主張している。

この主張は、さきの教育制度検討委員会の提言を三〇年後の今日の現実に照らして間接的に批判するものであるといえなくはない。

このような「義務教育」のとらえ方の違い、さらには「義務教育」ということばの使用の是非についての違いは、もしかしたら教育への権利を社会権の一環として積極的にとらえるのかどうかという論争にかかわっているだけではなく、「義務教育」を「統治としての教育」してとらえるのか、「権利としての教育」ととらえるか、さらには「義務教育」における教育と福祉の関係をどうとらえるかなどの問題にもかかわっていると思われる。

*

阿部の主張はおそらく社会権としての生存権、教育への権利、さらには労働権を視野に入れて「義務教育」をとらえているものと思われるが、そのなかで阿部が新教育基本法（二〇〇六年）の文言を引用して論を展開していることには疑義がある。

新教育基本法の最大の問題点は、旧基本法の二条「教育の方針」を全文削除し、それに代えて新二条「教育の目標」を掲げたことにある。旧基本法の二条「教育の方針」は「（一条の――引用者注）教育の目的は、あらゆる場所において実現されなければならない。この目的を達成するためには、学問の自由を尊重し、実際生活に即し、自発的精神を養い、自他の敬愛と協力によって、文化の創造に貢献するように努めなければならない」というものであるが、それは所与の教育目的を達成する「方法」をのべるだけにとどまらず、教育目的そのものの創造と実現の「方針」を示すものであった。

したがって、本条は学問と実際生活にもとづいて教育を改造すること、自他の敬愛と協力によって教育を推進することなどを抜きにしては、「人格の完成」と「平和的な国家及び社会の形成者」としての「国民の形成」という旧一条「教育の目的」を実現できないとするものであった。その意味では、本条は教育への権利要求を導き出し、それもとづいて教育の目的を構築し、それを実現する「方針」であったといってよい。

こうした観点からみれば、新教育基本法が旧二条を全文削除したということは、子どもをふくむ人びとの教育への権利要求を否認したことを意味する。そして、それに代えて新基本法が新二条において「心のノート」まがいの具体的な「教育の目標」を掲げたということは、人びとの教育への権利要求に代えて、国家の教育意思を対置するものであったことを意味している。

そのことは、教育基本法改正に決定的な影響力を及ぼした「二一世紀日本の構想」（二〇〇〇年）が教育を「統治行為としての教育」と「サービスとしての教育」に分割し、義務公教育学校の役割は前者にあることを力説したことのなかに明白に見ることができる。それによれば、「統治行為としての教育」とは、「まず第一に忘れてはならないのは、国家にとって教育とは一つの統治行為だということである。国民を統合し、社会の安寧を維持する義務のある国家は、まさにそのことのゆえに国民にたいして、一定限度の共通の知識、あるいは認識能力をもつことを要求する権利をもつ」というものである。

また同じく基本法改正に大きな影響を与えた「教育改革国民会議報告」（二〇〇〇年）も、「学校は道徳を教えることをためらわない」とし、道徳科を小中高のすべての学校に設けて、日本の伝統、文化を重視することを提起するとともに、「基礎学力の定着」を強調し、「年齢（年数）主義」の義務教育学校から「課程主義」の義務教育学校への転換を示唆した。

これらの提言を受けて新教育基本法は「日本の伝統、文化」の尊重を新二条の「教育の目標」の一つとするとともに、新六条「学校教育」のなかに「教育を受ける者が、学校生活を営む上で必要な規律を重んずるとともに、自ら進んで学習に取り組む意欲を高める」ことが重要であるとする文言を取り入れたのである。

ところが、ふしぎなことに基本法改正の審議過程は、義務教育が無償教育でなければならないということ憲法規定がまもられていないことにふれていないだけでなく、それにおける児童福祉、それも「普遍主義」に立つ児童福祉について言及することがまったくなかったことは注目に値する。基本法改正過程において、それまで潜在化していた若者と子どもの貧困が顕在化し、可視化されるまでになっていたにもかかわらず、基本法改正論議がこれを問題にして、若者と子どもの福祉に言及することがなかったということは、義務教育学校を新能力主義の「学力」の教育ならびにソーシャルスキルと道徳の訓練に偏らせて、伝統的な義務教育学校が体質的に持っていた家父長主義的な子どもの「保護」さえも放棄させ、それを児童福祉に無関係なものにしてしまったことを意味する。このために、学校教師だけに限るわけではないが、児童福祉とは特別な問題を抱えている子どものための特別な福祉施設の仕事とみなす傾向が強くなっているのではないか。

このようにみてくると、阿部彩の義務教育拡張論は、社会権としての生存権ならびに教育への権利を拡充する意図をもつものであるとしても、それが新基本法の引用に依拠するものであるとすれば、「統治行為としての義務教育」と結びついて、その主張と反対のものになる危険性があるといわなければならないだろう。

＊

ところで、私が阿部彩の義務教育拡張論のなかにある義務教育観に共感するのは、阿部が生存権、教育への権利、労働権などの社会権との関連、とりわけ、福祉と教育をつなぐものとして義務教育をとらえていることにある。

現憲法の二五条は「すべての国民は、健康で文化的な最低限度の生活を営む権利を有する。②国は、すべての生活部面について、社会福祉、社会保障及び公衆衛生の向上及び増進に努めなければならない」と述べている。このなかで注意しなければならないことは、子どもを含めて国民は「すべての生活部門」において健康で文化的な最低限度の生活を営む権利を有するとしていることである。したがって、教育、学校教育、とりわけ義務教育学校は教育への権利を保障するだけにとどまらず、生存権保障の義務をもつことを意味している。

こうした観点からみれば、二六条の「②すべての国民は、法律の定めるところにより、その保護する子女に普通教育を受けさせる義務を負ふ。義務教育は無償とする」という二六条の「義務教育」は、二五条のいう「健康で文化的な最低限度の生活を営む権利」である生存権保障を子どもの教育に即して具体化するものであるともとらえられなければならない。それが「義務教育」の無償原則を掲げているのは、教育への権利だけでなく、福祉への権利を子どもに保障することを目指すものであると解していいのではないだろうか。

そうだとすれば、現憲法のいうところの「義務教育」は教育への権利のみならず福祉への権利をも包含するものである。そればかりか、その無償原則が実現されるということは義務教育の対象年齢にあるすべての子どもに児童福祉が例外なく及ぶということが含意されているととらえていいのではないか。このように「義務教育」と「無償教育」をとらえた方が、労働に酷使され、貧困にさらされていた子どもの福祉と教育のために「権利としての義務教育」が成立し、それがまた普遍主義的な権利として児童福祉を確立してきたという、紆余曲折にみちた歴史的な経過に合致しているのではないか。

＊

ところで、このようにみてくると、私の「義務教育」観は、同じ市内に居住したことがあり、研究上の交流もあった小川利夫の「教育福祉」論のいう「義務教育」観に近いということができる。

だが、いまは小川利夫の「教育福祉」論の検討はさておくとして、私の「生活指導（批判）」を介しての「義務教育」論は、別個なものととらえられている「教育と福祉を統一する」ものであるととらえるよりは、「教育と福祉が切り離されることなく、つねに相互応答的にはたらくものである」ととらえるものであるといってよいかもしれない。その意味では、義務教育学校は子どもの生存権と教育への権利に応えるものとして創出されなければならないとするものである。

しかし、このような「義務教育」観に私がたどりつくまでにはいくつかの紆余曲折があった。それに言及することはいまは控えるが、そのひとつに、社会権としての福祉と教育が相互的かつ相乗的にかかわりあう「義務教育」は何を目的とするのかという問題があった。その問題についての現時点の私の到達点は、『教育と福祉の出会うところ』(佐藤洋作との共編、山吹書店、二〇一一年刊)のなかで示したように、両者がその出会いを重ねて追求していく目的は、人権の包括的条項といわれる憲法一三条の「生命、自由及び幸福追求の権利」を子どものものにすることにあるというものである。

この条項についてはは注釈されることが少ないが、笹沼弘志が『ホームレスと自立/排除』(大月書店、二〇〇八年)のなかで「一三条個人の尊重は、かけがえのない個人それ自体が目的であり、国家や民族などの超越的価値に従属するものではなく、たとえ国家であっても個人の生き方に介入してはならないということである。逆にいえば、個人はあらゆる権力に対抗して自己決定する権利、自由な幸福追求の権利を有する。個人は、恣意的支配にたいしていやだと抵抗する権利である」と述べている。

これを受けていえば、「教育と福祉の出会うところ」としての「義務教育」の目的とは、一人ひとりの子どもが経済的、社会的な拘束から解放されて、自由の領域をひらき、他者との相互応答のなかでしかつくりだしえない幸福を追求する権利を享受し、それをつうじて子どもたちが生きるに値する世界を協同してつくるあげることができるようにすることにあるといっていいだろう。その意味では、福祉と教育は、一人ひとりの「生命、自由及び幸福追求の権利」を保障していくことをつうじて、子どもが自由に、しかも他者との相互応答をつうじて社会を、ひいては世界をつくり変えていくことを励ますものであるともいうことができるだろう。

＊

このような福祉と教育の出合うところとしての「権利として義務教育」との関連で学童保育を考えるとき、なにが問題にされなければならないだろうか。それについて論ずる余地も力量もないので、その一、二を述べて、この小論を閉じたい。

そのひとつに、「義務教育」がいま「統治としての義務教育」に改編されようとしているなかで、学童保育は上から目線の「児童健全育成事業」を越えて、「権利としての福祉」「権利としての教育」が出会う場として構築される必要がますます高まっているということである。それをつうじて「権利して義務教育」の創造にどう関与していくかを問題にすることである。

いまひとつは、児童福祉の普遍主義に立って学童保育を学童期のすべての子どもに開かれたものしていくことを課題とすることである。その際、困窮家庭の子どもについては、その父母に学童保育の存在を知らせ、アグレッシブに入所を勧誘し、その入所に財政的な支援をすることを自治体に要請していくことである。

そうした試みは自治体とＮＰＯとの契約による生活保護家庭の中学生にたいする「夜の学習会」「中三学習会」としてはじまっている。

このことは、福祉と教育の出会う場としての学童保育的な営みが学童にとどまるものではなく、形態は違うことになるだろうが、中等教育だけでなく中等教育後の子ども、若者にも必要とされていることを示している。

こうした試みが子ども、若者に開かれていかないかぎり、学校教育は「統治としての教育」と「サービスとしての教育」からも、また「学力」競争による選抜と排除からも解放されることがないだろう。そして、その解放なしには学童を福祉と教育の出会う場、個人の尊重と幸福追求の権利保障の場、子どもたちとって生きるに値する世界をつくる場にすることができないのではないか。

(注) 竹内常一の「高校教育義務化」論については、「中等教育をすべてのものに—高校教育の義務化をめぐって」(『高校生活指導』一九九八年秋季号所収)、「教育と労働・福祉をつなぐ高校教育」(『高校生活指導』二〇一一年春季号所収) を参照されたい。

あとがき

日本学童保育学会ができる以前から、「研究者」による学童保育に関する研究成果は公にされてきた。しかし、その多くは学童保育の現場や運動からの依頼に直接応えるかたちで出てきたもの、失礼な言い方をすれば「頼まれ仕事」としての成果であった。本学会が結成されたことの意義の一つは、こうした「頼まれ仕事」ではなく、研究者が自らの課題や方法の設定にもとづいて学童保育に関する研究をしていく学術的なコミュニティができたということである。

本書は、こうしたコミュニティを基盤にしてまとめられた。もちろん、ここに収められた一つひとつの論文は、一人ひとりの研究者としての課題意識と方法の設定にもとづいて書かれたものである。

さて、日本学童保育学会として、学会設立記念の出版企画をすすめることを決定したのは、二〇一一年六月、第二回研究大会にあわせて開かれた理事会と総会においてである。その後、二〇一一年一一月に開かれた理事会で、構成と執筆者案が原案として承認され、準備をしてきた。以後、けっして順調にことがすすんだとはいえないが、それから約一年、本書が日の目をみることになった。このことをまず喜びたいと思う。

編集には、学会代表理事の一人である二宮厚美と学会事務局長の石原剛志があたった。「身内」に対して、こうした場でお礼をするのは通常のことではないかもしれないが、短い執筆期間にもかかわらず、論文を寄せてくれた執筆者に感謝したい。

また、出版事情も厳しいおり、この本を世に出すことができたのは、旬報社の木内洋育氏のおかげである。なかなかすすまない私たちの作業のため、ご心配とご迷惑をおかけした。この場をかりてお詫びするとともにお礼を申し上げたい。

本書の執筆者は、地域であるいは全国で学童保育の実践や運動にかかわりながら、研究を続けている研究者である。この本に収められたそれぞれの論文は、執筆者個人の責任において書かれたものであるが、それぞれの執筆者のまわりには、子どもたちにとって学童保育をよりよいものに発展させていきたい、しなくてはならないという指導員や父母の実践や運動、願いがある。学童保育の研究者は、なによりこうした実践や運動、願いとの関わりのなかで、生まれ、そして鍛えられてきた。したがって、本書もまた、長年にわたる地道な学童保育の運動と実践を土壌として生まれたものである。敬意と感謝を込めて、これまで学童保育をつくり育ててきた人々に本書を捧げたい。

二〇一二年九月

石原剛志

執筆者一覧（執筆順）

二宮厚美（神戸大学名誉教授　＊代表理事）　第Ⅰ部第１章

増山　均（早稲田大学文学学術院教授　＊理事）　第Ⅰ部第２章

宮﨑隆志（北海道大学大学院教育学研究院教授　＊理事）　第Ⅰ部第３章

石原剛志（静岡大学教育学部教授　＊事務局長）　第Ⅰ部第４章

住野好久（岡山大学大学院教育学研究科教授　＊理事）　第Ⅱ部第１章

二宮衆一（和歌山大学教育学部准教授　＊事務局）　第Ⅱ部第２章

奥野隆一（佛教大学社会福祉学部特別任用教授　＊理事）　第Ⅱ部第３章第１節

中山芳一（岡山大学キャリア開発センター助教　＊事務局）　第Ⅱ部第３章第２節

楠　凡之（北九州市立大学文学部教授　＊理事）　第Ⅱ部第４章

丸山啓史（京都教育大学教育学部講師　＊事務局）　第Ⅱ部第５章

新妻二男（岩手大学教育学部教授　＊代表理事）　補論１

竹内常一（國學院大学名誉教授　＊代表理事）　補論２

＊日本学童保育学会における役職等

編者紹介
日本学童保育学会（Japanese Research Association of After School Care）
研究者と学童保育指導員の協働により、学童保育についての学術組織として2010年6月に設立（共同代表理事／竹内常一、新妻二男、二宮厚美）。機関誌『学童保育』（年刊）。研究大会（年1回）、その他研究会を実施している。

事務所（入会などの問い合わせは下記へ）
〒422-8529　静岡市駿河区大谷836 静岡大学教育学部　石原剛志研究室気付
E-mail　gakudouhoikugakkai@gmail.com
WebSite　http://www5.ocn.ne.jp/~gakudou/
TEL&FAX　054-238-5018

現代日本の学童保育

2012年11月10日　初版第1刷発行

編　　者　日本学童保育学会
装　　丁　河田　純
発 行 者　木内洋育
発 行 所　株式会社 旬報社
〒112-0015 東京都文京区目白台2-14-13
TEL 03-3943-9911　FAX 03-3943-8396
ホームページ　http://www.junposha.com/
印刷製本　シナノ印刷株式会社

ISBN978-4-8451-1276-0　C0036